Klett Lesehefte

Anna Seghers

Das wirkliche Blau

Ernst Klett Verlag
Stuttgart

1. Auflage 15 4 3 2 | 1974 73 72 71

Die letzte Zahl bezeichnet das Jahr dieses Druckes

Umschlag: H. Lämmle, Stuttgart
Printed in Germany
Druck: Ernst Klett, 7 Stuttgart, Rotebühlstraße 77
ISBN 3-12-260270-9

Benito stieg langsam mit seinem beladenen Maultier und seiner Familie den Abhang bis zum Stadtrand hinunter. Zuletzt kam Luísa, das jüngste Kind im Rebozo. Andrés, der älteste Junge, ging wie sein Vater bedächtig neben dem Mulo, damit kein Schaden entstehe. Der mittlere Sohn, Gabriél, ging ein wenig voran. Er vergaß sich manchmal und sprang, oder er pflückte etwas; denn nach der Regenzeit war alles im Wachsen und Blühen. Die Wiesen waren gesprenkelt in allen Farben, ein lila Hauch Bugambilien lag auf den weißen Häusern der Vorstadt.

Das Maultier war achtsam. Es wußte sehr gut, was es schleppte. Es hätte auch allein das ganze Geschirr, das sein Herr Benito geformt und gebrannt, bemalt und glasiert hatte, heil nach Mexiko-Stadt auf den Markt gebracht. Es machte immer von selbst, bevor man es warnte, die leichte Bewegung, die nötig war, um nicht anzustoßen.

Das Geschirr war Stunden vor ihrem Aufbruch in Netze verpackt und auf seinem Rücken verschnürt worden. Auf mattweißem Grund besaß es ein Muster aus einem tiefen unnachahmlichen Blau. Viele Leute suchten auf dem Mercado den Stand des Töpfers Benito Guerrero aus dem Dorf Santiago Ixcuintla, um ihr altes Geschirr zu ergänzen oder ein neues zu erstehen.

Wenn bei solchen Leuten jemand zu Gast war, zum Beispiel bei Doña Isabel, sagte er: „Ach, deine Teller. Solch Blau gibt es nicht noch mal."

Dann hieß es: „Kauf es dir bei dem Töpfer Benito auf dem Mercado." –

Das Maultier trug nur Geschirr. Der Vater trug über der Schulter in einem Doppelsack Sandalen für seine Frau und sich selbst und Dosen zum Auffüllen mit Farbe und einige andere nötige Dinge.

Sie hielten noch einmal, bevor es endgültig in die Stadt ging. Die Frau verteilte die Wegzehrung. Sie stillte das Kind, ihren dritten Sohn. Der große Junge führte das Maultier an den Quell. Er schöpfte, rasch, rasch, damit es nicht auf den Gedanken kam, sich zu bücken. Aber das Maultier, obgleich es durstig war, wußte, daß es nur trinken konnte mit Hilfe des Knaben. Es regte sich nicht, damit nichts verrutschte, nichts anstieß.

Die Eltern hatten für den Stadtweg ihre Sandalen angezogen, nun ging es Straße für Straße zum Markt. Der Tag erwachte, es war bald lärmig und voll. Der mittlere Junge hüpfte nicht mehr, er gab genauso scharf acht wie sein großer Bruder. Er war beklommen von dem Staub und dem Lärm und auch von der Vorsicht, die keiner in der Familie nur eine Sekunde vergaß. Das Mulo sah bald den Vater, bald einen Knaben, bald die Mutter an. Mit seinen erstaunten, traurigen Augen dankte es, sobald Benito behutsam die Hände auf sein Fell legte oder sich schützend breit machte, wenn aus der Nacht eines Tores ein Betrunkener oder sonstwie ungebärdige Leute in den Weg kamen.

Schließlich waren sie angelangt in einem großen Hof, in dem die Maultiere Quartier bezogen. Und Futter und Wasser zur richtigen Zeit. Benito zahlte dem Wächter das bißchen Kostgeld im voraus. Der mittlere Junge beklopfte noch einmal das Maultier, von dem er sich ungern trennte. Es sah ihm ernst nach, als fürchte es, das Geschirr könnte Schaden leiden, seiner Obhut entzogen.

Luísa, die ihr Kleines ein wenig vorschob, war zuerst am Stand. Sie begrüßte die Nachbarn rechts und links, auch die in der Marktbude gegenüber. Dann wischte sie das Geschirr ab, das ihr Mann auspackte, und stellte alles zurecht. Das Blau an den Rändern und in dem leicht verschnörkelten Muster war auch in dem dämmrigen Marktgang stark sichtbar.

Die ersten Käufer traten herein, sie guckten und schwatzten. Benito war aber kein gesprächiger Mensch, er war selbstbewußt, er war wortkarg. Was hätte er den Leuten erzählen können? Sie wußten, was für ein Töpfer er war. Sie kannten seine Muster, sie kannten seine Vorzugsfarbe.

Doña Mercedes, mit langen geschmeidigen Fingern, steckte ein Krüglein in ihren Korb. Minuten wurde gehandelt, auf so viel Centavos, wie es Brauch war. Doña Isabel, die immer kaufte, sowohl für ihre Posada wie für ihre eigne Wohnung, sagte nach einem schnellen Blick: „Ihr seid heute nicht sehr stark eingedeckt?“

Man sah es Luísas Augen an, daß sie solche Frage erwartet hatte. – „Für euch reicht's.“ – „Wie Sie sich irren“, sagte die Frau, „meine Tochter hat mir die letzte Woche in ihrer Aufregung, denn die Hochzeit wurde endgültig beschlossen, ein ganzes Brett voll Geschirr fallen lassen, zwischen Küche und Eßzimmer. Sie hat mir mehr als ein Dutzend verdeppert. Da wollte ich heute drei Sätze auf einmal kaufen. Denn sie ist ebenfalls an Ihr Blau gewöhnt, Don Benito, und ich kaufe dann gleich für ihre Mitgift. Sie mag kein anderes Geschirr.“

Benito schwieg. Statt stolz zu sein, war er ratlos, denn der Händler Don Victor in der Straße de las Manzanas, von dem er seinen Bedarf bezog, hatte schon das zweitemal gerade dieses Blau nicht beschafft, das Benito seit Jahrzehnten benutzte. Luísa erwiderte, gleichfalls bedrückt durch die Anforderungen, die sie nicht erfüllen konnte: „Ich bewahre bestimmt für Sie, meine liebe Frau, fürs nächste Mal einen Satz Teller auf, wenn es nur eine kleine Möglichkeit geben wird.“

Andrés, der älteste Junge, blieb, die Vorübergehenden musternd, wobei sich nur seine Augen bewegten, schützend neben der Mutter stehen. Er wußte aus den Gesprächen daheim, daß dieser Marktgang für seine Eltern verschiedne Unannehmlichkeiten brachte. Nur ein Teil der Bestellungen war erfüllt. Viele Leute mußte man wieder und wieder vertrösten. Gewiß, es gab zum Verkauf auch einige unbemalte, erdfarbne Stücke; doch ihr Verkauf brachte wenig ein.

Da vorerst in der Bude nichts mehr zu tun war, weder Einpacken noch Auspacken, gab Luísa dem Kind die Brust. Ohne sich zu rühren, verfolgte Andrés im engen Marktgang verschiedene Streitigkeiten. Ihr Stand war der vorletzte in der Reihe der Töpfer. In einigen fremden Geschirrmustern herrschten Rot oder Grün vor. – Im Nebengang gab es vielerlei Zeug aus Bast und Stroh, Körbe und Matten und Vögel und Reiter. Der Geruch vermischte sich mit dem Tongeruch, die Luft war verflimmert von feiner Spreu.

Die Hutbuden schlossen sich an die Töpferbuden. Andrés schielte nach einem kleinen Mädchen, das zwischen Türmen übereinandergestülpter Sombreros saß. Es verzehrte ein Zuckerbrot. Ein finsterer, magerer Käufer probierte einen Hut nach dem anderen auf. Die Großmutter des Kindes, die flink und geschwätzig war, drehte ihm den Spiegel zurecht. Allerlei Leute rieten: „Nimm diesen! Nimm jenen!" Und als der Magere seinen Sombrero erstanden hatte, probierte sogleich ein Lustiger, Dicker flink nacheinander mehrere Hüte; er fand ziemlich rasch einen, der ihm gefiel. Das Mädchen, so klein, daß ein Sombrero sein Nest sein konnte, piekte bereits am zweiten Zuckerbrot. Andrés sah starr hin, aber er sagte nichts.

Gabriél war längst zu dem Mulo gelaufen. Er kam nicht zurück.

Auch Andrés verdrückte sich. Er lief in den Straßen herum, die in den Markt mündeten. Er blieb manchmal stehen und sah in einer Höhle von Laden schwer erkennbare Sachen an, goldbenageltes, kostbares Sattelzeug. Er hätte sich nicht von dem Anblick getrennt, doch plötzlich packte ihn jemand im Nacken und schüttelte ihn: sein Vater.

Benito schimpfte aber nicht. Er setzte seinen Weg fort. Andrés lief neben ihm her. Benito achtete nicht auf den Jungen. Erst vor einer Geschäftstür befahl er: „Warte!" Das Schaufenster kam Andrés langweilig vor: Farbtöpfe, Farbtuben, Flaschen mit Ölen, allerlei Zeug, das sein Vater daheim in der Werkstatt ständig benutzte.

„Don Victor!" sagte Benito im Eintreten. „Ich komme selbst, um endlich zu holen, was Sie mir fest versprachen." – „Mein Bester, Sie müssen sich etwas gedulden –." – „Das haben Sie mir schon zehnmal gesagt. Ich kann nicht mehr länger warten. Meine Käufer gedulden sich auch nicht mehr. Sie sind auf mein Blau versessen. Ich werde sie alle verlieren."

„Verstehen Sie denn nicht", erwiderte Don Victor, „daß ich Ihr Blau nicht vom Himmel kratzen kann? Die Firma Fernandéz läßt auch mich warten und warten."

Benito sagte ruhig: „Wo wohnt er, dieser Fernandéz?"

„In der Straße Alvaro Obregon, an dem großen Platz. Wollen Sie vielleicht selbst mit ihm reden? Bitte." Er lachte.

Benito sah ihn eine Sekunde starr an. Dann sagte er: „Don Victor, Sie müssen gleich noch einmal zu Ihrem Fernandéz fahren. Er kennt Sie, mich nicht. Bevor wir heimgehen, will ich wissen, woran ich bin. Mit diesem Blau, das ich von jeher bei Ihnen kaufe, sind meine Teller, meine Krüge und Schüsseln bemalt. Sie, Sie müssen dem Herrn Fernandéz erklären, daß meine Kundschaft daran gewöhnt ist. Ja, darauf versessen. Don Victor, um Christi willen, fahren Sie gleich hin. Ich kann ja nicht heim, und ich kann nicht zurück auf den Markt, nächste Woche, ohne das Blau, das ich versprach."

Da merkte Don Victor, die Augen Benitos glänzten so stark aus reiner Verzweiflung. Das war nicht bloß ein Verdruß. Das war ein richtiges Leid. Er sagte plötzlich zu seiner eignen Überraschung, fast gegen seinen Willen: „Ich fahre. Gut. Und Sie, Benito, behüten mir unterdes mein Geschäft, damit keine Strolche kommen." –

An der Straßenbahn klebten Trauben von Menschen. Don Victor zog sich mit Mühe hoch. Er schwitzte, er fluchte.

Die Firma Fernandéz, die viele Drogisten und Farbhandlungen mit Waren versah, besaß keine Schaufenster, nur ein blankes Namensschild über dem Haupteingang.

Don Victor war schäbig, verglichen mit dem geringsten Angestellten in diesem Geschäft. Er hatte auf den Ärmeln schlecht ausgeriebene Farbflecken, gleichsam als Zeichen seines Berufes. Denn aus den Kübeln, die ihm Fernandéz lieferte, schöpfte er mit eignen Händen das Quantum von Farbe oder Öl, das seine Kunden verlangten.

Nachdem der erste und dann der zweite geschniegelte Angestellte eine Weile versucht hatte ihn loszuwerden, sagte Don

Victor barsch: „Genug. Ich muß euren Chef sprechen. Keinen anderen. Sofort."

Fernandéz hatte seine Firma mit Schlauheit und Zähigkeit hochgebracht. Er wußte wohl, daß sein Verdienst von Dutzenden kleinen Geschäften abhing. – Freilich, gerade im letzten Jahr hatte Fernandéz auch große Pläne. Zum Beispiel schwebte ihm eine Verhandlung mit der Staatlichen Eisenbahn vor, die sich um das Imprägnieren von Eisenbahnschwellen drehte. Die Verwirklichung dieser Sache würde ihm Geschäftsfreunde verschaffen, die zu einer anderen, zu einer höheren Welt gehörten. Er hielt es aber für richtig, die kleinen Leute nicht vor den Kopf zu stoßen. Die blieben auf jeden Fall. Das große Geschäft kann schiefgehen.

Er sagte, als Don Victor in sein Zimmer kam: „Alles regelt sich schnell, mündlich, zwischen zwei Männern. Was gibt es?"

Nun brachte Don Victor seine Klagen vor, die nicht nur verschiedne Farben betrafen, zum Beispiel Benitos Blau, sondern auch mehrere andere Lieferungen, die Fernandéz ihm längst versprochen hatte.

Fernandéz seufzte. Er sagte: „Ich weiß. Ich weiß. Mich, der ich die Pünktlichkeit in Person bin, bringt jede Verzögerung zur Verzweiflung."

Dabei ging ihm sein Lieblingsprojekt durch den Kopf. Er hatte sich schon im vergangenen Jahr, um Konkurrenten zu überbieten und schnell das beste und billigste Holzschutzmittel zu beschaffen, mit einem Alfredo Müller in Verbindung gesetzt, der damals der Vertreter der bedeutendsten deutschen Firma war. Jetzt dachte er: Ich habe einen Vertrag mit dem Mann, und ich muß ihn auftreiben.

Er sagte zu Don Victor: „Ich kann Ihnen nur versprechen, daß ich mich noch diese Woche mit der richtigen Stelle in Verbindung setze. – Die Schwierigkeit für uns beide besteht darin, daß die Firma, die auch mich schon seit Jahren beliefert, nun einmal in Deutschland liegt. Und Deutschland ist jetzt der Feind der Vereinigten Staaten. Nicht nur das, es liegt in einem Krieg, von dem Sie sich, Don Victor, kein Bild machen können. Die Städte verbrennen auf der anderen Seite des Ozeans. Deutschland hat den Krieg vom Zaune gebrochen. Aus diesem Land darf nichts gekauft werden, es ist gut Freund mit den Japanern. Die werfen Bomben auf die amerikanische Küste. Die Namen seiner Firmen stehen auf einer Schwarzen Liste. Auch die Firma, die uns seit soundso viel Jahren Farben schickt und viele andere Sachen. Es ist bei hoher Strafe verboten, von ihren Beständen, die alle beschlagnahmt sind, hintenherum etwas zu kaufen.

Kann sein, Don Victor, der Mensch, der früher diese große verbotene Firma vertreten hat, besitzt noch irgendwo einen Rest Waren, die er selbst gern los wird.

Ich möchte mir freilich nicht die Finger verbrennen.

Immerhin, Freund, fragen Sie nächste Woche noch mal nach."

Don Victor bedankte sich für die Auskunft. Er ging verwirrt weg. Der Anflug von Mitleid, der ihn plötzlich dazu gebracht hatte, den Herrn Fernandéz aufzusuchen, war so gänzlich verschwunden, daß er gar nicht sofort begriff, warum der Töpfer Benito Guerrero in seinem Laden stand.

Benito hatte vielleicht erwartet, Don Victor brächte gleich einen Bottich Blau mit.

„Gehen Sie schon. Es gibt nichts", sagte Don Victor ungeduldig. Mehrere Kunden hatten gleichfalls seine Rückkehr erwartet, wenn auch nicht so heiß und fassungslos. „Verstehen Sie", fügte er noch hinzu, „das Land, aus dem Ihr Blau kommt, liegt mitten im Krieg."

„Was hat denn mein Blau damit zu tun?" fragte Benito.

„Ach, Benito, fragen Sie noch mal nächste Woche. Kann sein, Fernandéz treibt noch ein bißchen was auf."

Benito sah ihn so sonderbar an, daß er wieder die nahe Gefahr des Mitleids spürte.

Er redete rasch drauflos: „Warum muß es denn dieses Blau sein? Das reden Sie sich bloß ein. Sehen Sie mal meine Farben. Zum Beispiel die Farbe hier. Ist sie nicht beinah wie Ihr Blau?"

Benito sagte dumpf: „Das ist nicht wirklich mein Blau."

„Mein Gott, es ist vielleicht etwas lila. Wie Bugambilien." – „Sind Bugambilien vielleicht blau?" fragte Benito traurig.

„Nun hör mal zu. Versuch doch mal ganz was anderes. Ich hab hier zum erstenmal eine Farbe, die ich dir als erstem verkaufen würde. Ich versichere dir, sie macht sich vortrefflich. Sie ist nicht so ähnlich wie blau. Es ist ganz was anderes. Sie ist ziegelrot. Sieh selbst."

Er öffnete einen neuen Bottich. Benito sah ernst hinein. Zuerst blieb er stumm. In seinem Kopf entstand ein Muster aus Grün und Braun mit ziegelroten Ranken und ziegelrotem Rand. Es kam ihm nicht schlecht vor, wenn auch nur als Behelf. Er sagte schließlich: „Bitte füllen Sie mir zwei Dosen. Ich will es probieren." Er hatte vor dem Marktgang all seine leeren Dosen in Säcke gesteckt in der Hoffnung, sie füllen zu können mit Blau.

Sein Junge wartete noch vor der Tür. Der hatte vielleicht gehofft, er käme endlich zu einem Zuckerbrot. Doch als er den Vater ansah, bat er ihn nicht darum. Benito sagte: „Ich hol das Mulo. Hol die anderen."

Es war noch Nachmittag. Es war noch heiß. Das Gedränge war dicht. Zuerst ging das Mulo unbeladen voraus mit dem Vater. Die Knaben folgten mit kleinen Schritten. Zuletzt ging die Frau, ihr Kind im Tuch. Am Stadtrand hob Benito die Frau auf das Mulo.

Sie hatten noch nichts miteinander gesprochen. An der Stelle, an der sie auch auf dem Hinweg gerastet hatten, tranken sich alle satt. Luísa stillte ihr Kind.

Beim Weitergehen sagte Benito zu seiner Frau: „Es gibt kein Blau mehr." –

„Warum?" – Er zuckte die Achseln. „Das Land, aus dem es kommt", sagte er schließlich, „liegt im Krieg."

Sie fragte, was auch ihr Mann gefragt hatte: „Was hat unser Blau mit dem Krieg zu tun?"

Statt etwas, was er nicht richtig verstand, zu erklären, sagte er nur: „Don Victor hat mir zwei Dosen Rot verkauft. So ziegelrot. Ich will mir was Neues ausdenken. Die Kunden müssen sich daran gewöhnen."

Luísa erwiderte nichts. Die beiden Knaben, die ihren Eltern verwundert zugehört hatten, trieben das Maultier an.

Als sie im Dunkeln ins Dorf kamen, saß Leona, Luísas Schwester, noch wach. Sie hatte eine Mahlzeit für die Familie zubereitet, aus Reis und braunen Bohnen. Ihr Mann war vor einem halben Jahr ins Innere des Landes gefahren. Er war nicht mehr zurückgekommen. Leona hatte gesagt: „Der hat jeden Geschmack an uns verloren, an mir, an unseren Kindern, am Dorf, an der Arbeit auf der Milpa, und er denkt, Benito wird schon sorgen."

Luísa hatte dazu nichts gesagt. Sie wußte, Benito würde nie seine Kinder im Stich lassen. Er sorgte eher auch noch für die drei fremden. Bis jetzt freilich hatte Benito alle Hände in seiner Werkstatt verwenden können.

Am nächsten Morgen drehten sich wieder die Töpferscheiben. Es gab noch einen kleinen Vorrat. Leona, mit ihren geschickten Händen, versuchte im alten Muster die neue Farbe.

Im letzten Jahr hatte Andrés furchtbar gebettelt, bis ihn sein Vater zur Schule ließ. Doch wie er nun auch noch daheim verstohlen etwas kritzelte, in das Heft, das ihm sein Lehrer geschenkt hatte, begann Benito zu fluchen.

Leona sagte sanft: „Laß ihn. Ausprobieren können wir nur allein."

Als die Dunkelheit fiel, machte sie sich an die Tortillas. Ihre Hände, die behutsam gemalt hatten, klatschten heftig den Teig. Sie hatte schon bei Tagesanbruch Mais gerieben. Sie war nie müßig. So dankbar war Leona der Familie Guerrero. –

Es klopfte hart an die Tür. Noch härter. Bevor man öffnete, sprang die Tür auf. Da stand Leopoldo, der Töpfer, und auch ein paar Nachbarn guckten herein.

Leopoldo sagte voll Haß: „Du hast mir mein Ziegelrot gestohlen. Glaub nicht, daß so was geheim bleibt!"

Die Kinder stellten sich schnell vor die Töpfe. Er hätte sonst alles in Stücke geschlagen.

„Was fällt dir ein", sagte Benito, „ich habe nie im Leben etwas geklaut. Wer das sagt, der ist selbst ein Schuft."

Er hatte, breit und stark wie er war, die Menschen über die Schwelle gedrängt. Es würde gleich ein Geraufe geben unter dem Mond, in der Dorfgasse.

Da kam mit seinem allen bekannten, zweiknotigen Stock der Älteste der Töpfermeister, ihr Richter, der uralte Manuel. Er sagte: „Nicht alle auf einmal. Zuerst du, Leopoldo, dann du, Benito." Als er sie angehört hatte, schloß er die Augen. Dann entschied er: „Ja, Leopoldo, der hat schon längst im Muster sein Ziegelrot. Du, Benito, bleib bei deinem Blau."

Benito sagte leise: „Ich will durchaus nichts als Blau. Das andre war nur für einen Marktgang."

Darauf sagte Manuel: „Auch dafür nimm's nicht." –

Als Benito erklärte, er hätte sein Blau nicht aufgetrieben, hinter dem Meer sei jetzt ein Krieg, und das Blau werde nicht mehr geschickt, sagte der Richter Manuel: „Das versteht man nicht. Das kann man nicht glauben."

Leopoldo, in seiner Schadenfreude, war überraschend großmütig. Er kaufte sogar Benito ab, was der an Ton in unzulässiger Farbe verbraucht hatte. Benito hätte ihm zwar gern die paar Centavos vor die Füße geschmissen, er wußte aber sowieso nicht, wie weiterleben.

Benito zog nachts Luísa weg von der Matte. Sie saßen im Dunkeln zusammen. Er sagte: „Im Grunde genommen war alles nur meine Schuld. Ich habe mir etwas aufdrängen lassen von dem verdammten Don Victor. Warum? Aus Angst vor Not. Anstatt immer weiter zu suchen, zu suchen nach dem Blau, an dem mein Herz hängt, das Blau, das mir allein und wahrhaftig zusteht. Weil ich mich nicht daran hielt, ist mir so was Schlechtes geschehn."

Luísa sagte nichts. Aber Benito fühlte sich ruhiger, weil er seine Verzweiflung aufgedeckt und kundgetan hatte.

Der Kaufmann Fernandéz war klein, lebhaft, mit funkelnden Augen. Nachdem Don Victor bei ihm hineingeplatzt war, faßte er schnell einen Entschluß.

Dieser Deutsche, Alfredo Müller, sollte ihm endlich Rede und Antwort stehen. Müller war zwar schon seit langem kein richtiger Deutscher mehr, er war Mexikaner seit Jahren. Er war eingeheiratet. Doch seit ihn Fernandéz kannte, war er Vertreter der mächtigen deutschen Farbfirma, und dadurch hatte er auch die Hand auf allen möglichen Unternehmungen. Er hatte schon vor geraumer Zeit Fernandéz die Materialien versprochen, auf denen das Geschäft mit dem Staat beruhen sollte. Daher hatte Fernandéz dem Deputado Ramirez versichert, das Holzschutzmittel zum Imprägnieren der Eisenbahnschwellen sei auf Abruf beschaffbar. Müller hatte behauptet, es gehöre zu seinen Lagerbeständen.

Nun war das Geschäftshaus der deutschen Firma geschlossen worden. Die Lagerbestände waren beschlagnahmt, die Geschäftsbücher eingezogen. Denn nach dem Überfall auf Pearl Harbour waren die USA im Krieg gegen Japan und Deutschland; Mexiko hatte sich den Amerikanern angeschlossen. Alfredo Müller war plötzlich verschwunden. Für ein paar Monate. Dann war er, wie zufällig, auf Fernandéz gestoßen. „Bei mir ist alles beim alten." Er hatte ihm seine Karte gegeben mit der neuen Adresse. Er hatte beiläufig hinzugefügt: „Selbst wenn Sie ein bißchen warten müssen, Ihr Schaden wird es nicht sein."

Jetzt aber war ein gerüttelt Maß voll. Obwohl es Fernandéz gegen den Strich ging, er mußte selbst mal zu diesem verdammten Alfredo Müller. Was ging ihn denn der Krieg an hinter dem Ozean? Wer weiß, wie das alles endete? Er wollte sich auch nicht mit den kleinen Leuten verkrachen. Einen von ihnen gegen sich haben, das hieß, den ganzen Mercado gegen sich haben. Doch mit dem Alfredo Müller wollte er sich erst recht nicht verkrachen.

Wie ihm auch an dem Staatsgeschäft gelegen war, an den Holzschutzmitteln für Eisenbahnschwellen und Telegrafenstangen, an der Beziehung zu diesem und jenem Advokat oder Deputado, er vergaß nie die kleinen Bestellungen, die aus den Läden um den Markt herum an ihn ergingen, dauernd und von jeher – gerade an diesen war seine Firma groß geworden. Und Müller allein verfügte, Gott weiß wie, über die Waren, die alle begehrten.

Er fuhr also kurz entschlossen auf die Straße San Juan de Letran. Er wunderte sich über das schlechte Haus, in das Alfredo Müller übergesiedelt war. Er wunderte sich noch mehr, daß Müller nicht im Vorderhaus wohnte. Durch den Hinterhof mußte Fernandéz und dann hinauf in den dritten Stock, in dem er, obwohl es ihm unglaubwürdig erschien, das bezeichnete Büro fand. Auf dem Schild stand der auf der Karte angegebene Name mit dem Namen der englischen Firma, die jetzt Alfredo Müller vertrat.

Das Fräulein, das ihm öffnete, war für das dürftige Vorzimmer, oder was es sonst war, erstaunlich gekleidet, ein schlauäugiges, höfliches Fräulein. „Ah, Señor Fernandéz!" erkannte sie ihn, und sie führte ihn in das anstoßende Zimmer. Das war offenbar Müllers Geschäftsraum. Im ersten Moment dachte Fernandéz: Der muß vor die Hunde gegangen sein, der muß auf einer nachtschwarzen Liste stehen, der Alfredo Müller.

Freilich, der Mann hinter dem Schreibtisch sah aus wie immer. Gestriezt und geschniegelt. Unbekümmert. Er roch nach gutem Haarwasser. Sein Anzug und seine Krawatte, die stammten von der besten Firma, das konnte sich der dann immer noch leisten. Sein dünnes Haar, um die Kopfhaut einigermaßen zu bedecken, war so fein gebürstet, daß man nicht bloß Strähnen, sondern die Haare in den Strähnen zählen konnte. Ein Mensch, der von Sorgen niedergedrückt ist, findet für so was keine Zeit.

Sein Schreibtisch war das einzige ansehnliche Möbelstück in diesem Raum. Durch das Fenster neben dem Schreibtisch sah man im Hof die Verladungen der Möbelfirma, die im Erdgeschoß ihren Sitz hatte. Alfredo Müller saß in keinem Sessel. Er saß auf einem drehbaren Bürostuhl. Und er bot Fernandéz den einzigen festen Besucherstuhl an. Zwei Wände waren bedeckt mit halbleeren Regalen. Fernandéz entzifferte juristische Titel, die Gesetzgebung dieses Landes. Auch einige Überschriften, die er nicht verstand. Auf deutsch oder auf englisch. Ein staubiges Licht kam aus dem Hoffenster. Es lag auf Müllers glattem Gesicht und auf seinen weißen Händen. Er trug einen Ehering. Weder verärgert noch schmeichlerisch bat Müller seinen Besucher, ihm alle Beschwerden mitzuteilen. Auf den Ruf „Señorita!" kam die Kleine, die Feine. Sie stenographierte. Sie ging ins Nebenzimmer und tippte. Und Müller, der in all der Enge, in dem staubigen Hoflicht, gelassen blieb wie in dem großen hellen Geschäftsraum, den er noch vor kurzem beherrscht hatte, bat Fernandéz, sich etwas zu gedulden. „Wir werden alles in Ordnung bringen", sagte er. „Ist doch klar. Sie müssen verstehen, die Firma, die ich vertreten habe, beliefert seit der Veränderung der Verhältnisse in Europa ungefähr dreimal soviel Land als der Staat Mexiko ausmacht."

Bevor Fernandéz nachgedacht hatte, was diese Ausführung bedeuten sollte, kam die Hübsche zurück mit seinen getippten Beschwerden.

Alfredo Müller las sie langsam halblaut ab, Punkt für Punkt, sich nur etwas wendend nach rechts und links in seinem Drehstuhl. Er öffnete diese und jene Schublade. In jeder lagen ordentlich, Kante auf Kante, verschiedene Register und Mappen. Er zog bald diese, bald jene Mappe heraus mit seinen weißen, bis auf den Trauring ringlosen Fingern. Er gab Antwort auf jede Beschwerde. In acht Tagen bekäme Fernandéz aus Vera Cruz dieses, in zehn Tagen aus Campeche jenes geliefert, was andres aus Monterry. Durch Brillengläser, die im Tanz von Milliarden Sonnenstäubchen so sauber geblieben waren wie sein Gesicht, studierte er kurz eine Aufstellung.

Sogar den Blaufarbstoff, auf den Don Victor erpicht gewesen war, fand Müller in einer Mappe. „Allerdings", sagte er, „verschiedene Posten, zum Beispiel einige Farben, sind leider zur

Zeit schwer beschaffbar. Das übrige spätestens in einem Monat. Beruhigen Sie Ihre Kunden.“

Das sagte er so widerspruchslos, bestimmt, daß Fernandéz zunächst einmal nickte.

Müller schloß eine Schublade auf, eine andre zu. Er fand die letzten Posten, über die sich Fernandéz beschwert hatte. Der begriff inzwischen, daß Müllers Firma ihre Lagerbestände an verschiedne, weit voneinander entfernte Orte verteilte. Warum, das war Müllers Sache.

Nach einem kurzen Gespräch war jedenfalls alles, was er an Lacken und Holzschutzmitteln und anderen Chemikalien bestellte, auf den Listen in diesem Schreibtisch zu finden. „Wir sind uns also einig“, sagte Alfredo Müller. – „Gewiß“, sagte Fernandéz, und er verabschiedete sich.

Luísa sprach nicht mit ihrem Mann über die große Sorge, die die Familie bedrohte. Sie sagte aber zu ihrer Schwester Leona: „Kann sein, wir verlieren viele Kunden, wenn Benito sein Blau nicht auftreibt.“

Leona sagte: „Wenn es dann knapp bei euch wird, soll ich weg mit den Kindern?“

„Nein, nein“, sagte Luísa, „ihr gehört jetzt zu uns. Und wo willst du auch hin?“

Leona sagte zaghaft: „Warum muß Benito gerade die blaue Farbe benutzen, die er bisher benutzt hat? Gibt es kein anderes Blau im Lager von Don Victor? Und wenn es dort keins gibt, soll er dann nicht woanders kaufen?“

Luísa, die immer sanft war, erwiderte mit einer Spur Hochmut: „Das verstehst du nicht, Leona. Sieh mal, hier hab ich einen Satz Teller für Doña Isabel aufbewahrt, weil ich es ihr versprach. Weil ich sie von jeher kenne.

Sie braucht viel Geschirr in ihrer Posada. Alles hat Benito gemacht. Auf jedem Stück findest du etwas von seinem Blau. Don Victor hat Benito so was Blaues angeboten, so lila, so ähnlich wie Bugambilien. Nein, dann ist etwas vollkommen anderes schon besser. Dann nimmt man schon besser Ziegelrot. Nur, da macht Leopoldo Stunk.

Gewiß, in anderen Geschäften findest du vielleicht ein anderes Blau. Wer aber gewöhnt ist an Benitos Blau, der will kein anderes. Er drängt auf das Blau, das er liebt.“ –

Doña Isabel kaufte seit Jahren bei Benito. Alles ergänzte sie auf dem Markt an Guerreros Stand. Sie besaß eine ziemlich große Wirtschaft. Die nächste Woche, nach dem Umzug, bekam sie noch ein mehrbettiges Zimmer dazu.

Kein Wunder, daß sich Luísa genau erinnerte, wie Doña Isabel bei ihr eingekauft hatte. Sie war ihre erste Kundin gewesen, als Luísa ganz kurz mit Benito verheiratet war. Zum erstenmal mit ihm auf dem Mercado. Vielleicht bezwungen durch den scheuen und treuen Blick der Töpfersfrau, vielleicht auch, weil ihr das blaue Muster besonders gefiel, hatte Isabel zugegriffen. Und sie war bei dem Blau geblieben, und sie hatte stets, wenn sie noch etwas kaufen mußte oder ergänzen, bei den Guerreros gekauft. Sie hatte mehrere Dauermieter in ihrer Posada und Gäste, die immer wiederkamen, ehrlich empfohlene Leute. Jetzt stand mit der ganzen Wirtschaft der Umzug ins andere Haus bevor. Ihr widerstand es, das alte Geschirr mit andren, mit fremden Mustern und Farben zu mischen. Sie hatte herausgefunden: Die Dauermieter waren richtig daran gewöhnt. Den neuen Gästen gefiel es sofort, von diesem Geschirr zu essen. Benitos Blau, so glaubte sie, gehörte nun mal zu ihrer Posada und ihrem Glück.

Sie traf sehr früh auf dem Markt ein. Sie sagte: „Ich brauche nicht nur die Teller, die ich neulich bestellte. Ich mache in der Straße San Ramiro eine viel größere Posada auf. Da brauche ich mehr Geschirr. Darum bin ich gekommen, bevor ihr ausgepackt habt. Was ich mitnehme, braucht ihr nicht erst auszupacken.“

Luísa tauschte einen Blick mit ihrem Mann. Manchmal verstand sie es besser als er, mit Kunden zu reden. Sie sagte schnell, aber leise und sanft: „Meine liebe Doña Isabel. Bitte warten Sie noch ein wenig. Sie brauchen es ja noch nicht diese Woche. Hier ist der Satz Teller, den ich versprach. Die große Bestellung, die brauchen Sie wohl erst, wenn Ihr Umzug vollzogen ist." – „Ich bin extra so früh gekommen", sagte Isabel, „habt ihr denn nicht sowieso eingepackt, was ich brauche?" – „Nein, leider nicht", sagte Luísa. „Es ist gewöhnliches, unbemaltes Geschirr." Isabel sagte: „Schade. Dann komm ich ein anderes Mal zu euch. Denn du weißt, Luísa, ich bleibe euch immer treu." – „Gewiß, ich weiß", sagte Luísa mit ihrem ruhigen, sanften, bindenden Blick.

Andrés, der alles verstand, hörte mit Angst und Spannung zu, ohne sich zu bewegen. Sein Bruder Gabriél war bei dem Mulo.

Die Drehscheiben waren längst abgestellt. Die letzten Tortillas, der Rest vom vorigen Abend, waren trocken und spröde. Doch wurden sie gründlich und langsam zernagt von den Alten und von den Kindern. Sie legten sich auf die Matten. Die Kleinen schliefen bald ein. Die Alten waren kummerstumm. Benito, der Vater, blieb aufrecht auf der Erde im Dunkeln sitzen. Er ging nicht ins Freie, weil er sich schämte; denn ihn, ihn gerade, der wußte, was recht und richtig ist, genauer als irgendeiner im Dorf, ihn hatte der Leopoldo vor allen verächtlich angezischt wie einen Betrüger, und er schämte sich auch, weil er für den nächsten Markt nur das allerdürftigste Geschirr bereit haben würde, das sich kaum absetzen ließ, und wenn, für schandbar wenig Centavos, die nicht zum Leben und nicht zum Sterben reichten.

Was sollte er nur tun mit all den Kindern, eignen und fremden, mit der eignen Frau und der Frau seines Schwagers? Er hatte sich eingesetzt für jene Familie, als der Schwager auf und davon war. Der war ertrunken in Schulden, er hatte nicht aus noch ein gewußt, da war er eben weg, da hatte der sich gedacht, man wird ihnen helfen, wenn ich bloß nicht mehr hier bin. Und wirklich, Benito hatte geholfen. Er konnte aber jetzt unmöglich dasselbe tun, was sein Schwager getan hatte, einfach weggehen. Was aber würde mit seiner Familie geschehen? Er hing an seinem Blau, als ob es sein Schicksal wäre. Und es war wohl auch sein Schicksal. Er mußte es aufstöbern. Man findet schließlich, was einem gehört.

Durch solche Gedanken schlängelte sich ein neuartiges Muster, das sich sein Kopf ausdachte, als hätte der Kopf eigne, andere Gedanken als der Mann, auf dessen Schultern er saß. Was er auch für ein Muster ersann, es wurde nur richtig, wenn sein Blau darin war. Er konnte sich in nichts andres hineindenken. Ihm war es wie ein Befehl. Von innen heraus genauso gut wie von Manuel.

Und Doña Isabel, die hatte gesagt: „Wir behelfen uns, bis du dein richtiges Blau besorgt hast." Sie wollte keine anderen Farben, und sie hatte recht, sie hatte ja recht.

Es war so still, daß man hinter der Wand das Maultier im Schlaf schnaufen hörte. Benito starrte ins Dunkle. Auf einmal scharrte es an der Tür, es wartete, und es scharrte noch einmal. Benito öffnete einen Spalt. Ihm funkelten unwiderstehlich scharfe grünliche Augenlichter entgegen. Das Huckepack auf dem Kopf – es ragte spitz gegen die Sterne. Jetzt waren die Augen deutlich in dem gefälteten Gesicht, so klug und so alt wie die Sterne. Er sagte: „Oh, Tante Eusebia, du!"

Benito weckte sofort seine Frau. „Steh auf. Mach Feuer." Er fügte hinzu: „Sie hat zum Glück schon alles bereit für morgen. – Ja, auch die Eier!" befahl er. Die Frau sah ihn angstlich an. Denn mit den paar Eiern hätte man sich versorgen können.

Gleich blinkte unter dem Vordach ein kleines Holzfeuer. Die alte Eusebia wärmte sich ihre Hände. Sie hatte den Korb abgestellt. Tortillaklatschen minutenlang in der Nacht. Bevor noch Benito gestanden hatte, es fehle ihm an Pulque, hatte die Tante aus ihrem Sack die eigne Flasche herausgezogen.

Nachdem Luísa aus allem, was sie besaß, ein Mahl für den Gast bereitet hatte, legte sie sich zurück auf die Matte.

Mit ihren uralten grüngelben Sternenaugen hatte die Tante

Eusebia, obwohl sie nur zusah, wie man ihr die Tortillas buk, alles bemerkt. Die Frau so vergrämt. Benito nicht mehr so hartstolz wie ehmals. Und auch nichts zum Füllen für die Tortillas, bis auf den roten Pfeffer. Und diese Eier waren die letzten.

Sie saß mit dem Hausherrn vor dem Haus. Sie sprach zuerst von sich selbst, um Benito zu ermuntern. Sie sei unterwegs nach San Blas. Der Apotheker brauche dreimal im Jahr ihr Kraut. Das sei schwierig zu finden und nur bei ihr. Sie kaufe sich für den Verdienst auf dem Markt, was sie an Stoff brauche, und wenn sie keinen Stoff brauche, Bohnen und Tabak.

Sie unterbrach ihren Bericht, als Benito seinen eignen begann, erstaunlich schnell, als seien ihm die letzten Minuten gegeben, sich von unerträglicher Last zu befreien; er stand bis zum Hals im Mißgeschick.

Nachdem Eusebia nachgedacht hatte, erwiderte sie: „Mein Sohn" – denn wenn auch Benito selbst Söhne hatte, er war und blieb der älteste Sohn dieser Familie, ob er ihr Großenkel war oder ihr Großneffe –, „mein Sohn, du hast doch den krummen Rubén gekannt, den mit dem kurzen Bein von Geburt an, der hat es zu etwas gebracht gegen alle Voraussicht. Jetzt ist er ein Capataz, etwas wie Aufseher in einem Bergwerk, das weit von uns weg liegt. Noch weiter, viel weiter als die Stadt Mexiko. Ich glaube, es liegt in Durango. Er war aber bei uns, teils mit Bahn, teils mit Wagen, als sein Großvater starb.

Und an dein Blau, Benito, mein Sohn, kann ich mich ausgezeichnet erinnern. Es gibt kein ähnliches. Kein Wunder, daß all deine Kunden darauf versessen sind. Wenn ihnen Teller und Töpfe zerbrechen, dann wollen sie zur Ergänzung nicht irgendeins, das man nur Blau nennt, weil kein anderer Name bereit ist, man nennt es Blau, aber das Herz geht einem dabei nicht auf, das haben deine Kunden gespürt, ohne zu wissen, was sie spürten. Ich aber, ich weiß es, es wird einem ganz besonders zumut, wenn man es vor sich hat.

Und dieser Rubén, als er des langen und breiten von der glücklichen Wendung in seinem Leben erzählte, er hat uns ein

Pulver gezeigt, einen Beutel voll trug er in seiner Tasche, das war der Farbstoff, den du brauchst, das war dein Blau, ich kann darauf schwören.

Er hat nämlich festgestellt, mit seiner Vernunft, die noch gewachsen ist, weil sein Bein nicht gewachsen ist, daß irgendein Ausschuß von dem Zeug, nach dem sie dort gruben, in dem Bergwerk, wo er den Aufseher macht, einen seltsamen Farbstoff ergibt, sofern man ihn mahlt und röstet, und eben davon brachte er eine Probe. Sie haben den Abfall für wertlos gehalten und haben ihn auf die Halden geschmissen, auf die Halden des Bergwerks, ich meine, es ist ein Silberbergwerk. Ich glaube, diese Probe trägt er immer mit sich, weil sie ihm Glück bringt. Er hat einen kleinen Vetter, flink, langbeinig, den hatte er zuerst untergebracht im Bergwerk, aber der Kleine, ich meine, er heißt Lorenzo, der schleppt ihm stets von der Halde diese Art Schutt nach Hause. Sie haben ihn dann gemahlen und geröstet, wie, weiß ich selbst nicht, ich weiß nur, daß sie Käufer gefunden haben in einigen Städten. Aber die Städte sind arg weit weg. Ich rate dir aber, fahre zu diesem Rubén. Wenn er's bis zu uns geschafft hat, warum sollst du es nicht bis zu ihm schaffen? Warum soll sein kleiner Vetter Lorenzo dir, der du der Älteste bist in der Familie, nicht etwas billig lassen? Warum soll das Blau, um das du dich grämst, in fremden Städten vertan sein? Also, ich rate dir, fahre zu diesem Bergwerk, besser morgen als übermorgen." –

Benito dachte vor sich hin, aber die Tante funkelte mit ihren bösen und guten Augen. Es war, als würde der Himmel funkeln mit zwei besonderen Sternen. Und sie sagte: „Wozu denkst du? Dieser Händler in der Gasse am Markt, der kann dir nicht verschaffen, was du brauchst. Erwarte es nicht von ihm. Vertu deine Zeit nicht. Verschaff es dir selbst."

„Ja", sagte Benito, „du hast wohl recht, Tante Eusebia, und nun leg dich auf unsere Matte."

„Nein, nein", sagte Eusebia. „Ich muß jetzt weiter. Solange die Sonne nicht beißt. Mein Sohn, auf Wiedersehen. Ja, wir sehen uns wieder auf deinem Rückweg. Es gibt in San Blas, wohin ich jetzt muß, eine Bahn, mit der kannst du tief ins Land. Und du fragst unterwegs, und einer, der mit dir fährt, wird wissen, wo dieses Bergwerk liegt. Nicht weit von San Mateo. Es gehört den Herrn Gonzalez, wenn ich mich richtig erinnere. Rubén sagte nämlich, die seien auf Silber so wild, darum nennt man sie Silber-Gonzalez, daß niemand sich mehr um die Schutthalden kümmert. Nur dein Vetter Rubén, der fand heraus, was darin steckt."

Sie lud ihren Korb auf. Sie bedankte sich für die Gastfreundschaft. Und auch für das große, ihr geschenkte Vertrauen. Benito bedankte sich für den Besuch und auch für den vorzüglichen Rat. Es war ihm leichter ums Herz. Er legte sich schlafen.

In seinem Garten, der weit und groß erschien, weil er unmittelbar an den Park von Chapultepec stieß – darum war auch das Grundstück mächtig im Wert gestiegen –, ging der Deputado Ramirez heftig redend mit seinem Schwiegersohn Vázquez auf und ab. Das Haus war vor kurzem erbaut worden in neuartig glattem, die Augen beruhigendem Stil, von einem jungen, talentvollen, bereits von Aufträgen überhäuften Architekten, der ein Freund des Schwiegersohns war.

Die Tochter Mercedes, die trotz ihrer sanften Schönheit dem etwas klotzigen Vater Ramirez glich, saß mit ihrer runden, unschlauen, mit dem Dasein zufriedenen Mutter auf der Veranda. Es gab in Mercedes' weichem Gesicht denselben, im Horchen aufmerksam offenen Mund, bei dem Alten war er zu klein, aber durch den Schnurrbart verdeckt, und die gleichen Augen mit schmalen Seitenblicken, als seien Überfälle nicht ausgeschlossen und eine gewisse Vorsicht geboten. Bei ihnen saßen drei Gäste, zwei Freundinnen Mercedes' und eine Mutter, die Witwe war. Das Hausmädchen schenkte dampfend heißen Kakao ein. Auf dem Tisch standen ein Berg von süßen Brötchen und auch Tequila, mit dem man die Männer erwartete. So nah war der Zoologische Garten, daß man das Brüllen und Schnauben der Tiere hörte; sie wurden um diese Zeit gefüttert. Die Frauen lachten. Mercedes rief: „Vater! Pedro! So kommt doch rauf!“ Ihr Mann rief zurück: „Gleich. Gleich. Nur einen Moment.“ Sie merkte, daß die Männer etwas Wichtiges zu besprechen hatten, und sie rief kein zweites Mal. –

„Ich habe dir alles genau erzählt, weil ich glaubte, die Sache könnte dich interessieren. Es ist meiner Meinung nach ausgeschlossen, daß uns aus diesem Geschäft eine Unannehmlichkeit erwächst. Denn dieser Müller, oder wie er heißt, ist schon seit zwanzig Jahren und länger, also längst, längst vor dem Krieg hier ansässig. Seine Frau, die ist aus Morelia. Aus der Familie Covarrubias. Die Holzhändler Covarrubias. Warum soll ich ausgerechnet mit diesem Mann, der so sicher ist wie kein anderer, plötzlich keine Geschäfte mehr machen? Oder gerade dieses Geschäft nicht? Die deutsche Farbenfirma, die ist requiriert. Doch Müller vertritt jetzt andre Firmen, englische, argentinische. Ich habe außerdem zugesagt, und es ist geradezu ein Regierungsauftrag. Er braucht nur noch eine Unterschrift unter den Auftrag, die Spezialgenehmigung, darum ist er an mich herangetreten, verstehst du?“ –

„Ja, ich verstehe. Sogar zu gut“, erwiderte Vázquez, der Schwiegersohn, „und da du mich fragst, muß ich dir abraten, besonders als Deputado, mit diesen Geschäften irgend etwas zu tun zu haben. Es gibt keine Ausnahme, es gibt keine Spezialgenehmigung für Geschäfte mit Firmen, die auf der Schwarzen Liste stehen. Mir scheint, dein Müller versteht sich darauf, Verbotenes mit Normalem zu mischen.“

Ramirez bereute sofort, seinen Schwiegersohn eingeweiht zu haben. Nun war es geschehen. Er beschloß, den jungen Vázquez jedenfalls anzuhören, damit er all die Verbote kennenlerne und ihre Gründe und dadurch auf der Hut sein könne, er würde aber stets die Geschäfte machen, nach denen ihm der Kopf stand.

Ein wilder Anhänger Cardenas', des letzten Präsidenten, war der junge Vázquez gewesen. Zum Glück hatte der Präsident, wie das Gesetz es vorschrieb, nur fünf Jahre im Amt bleiben dürfen. In diesem Fall war Ramirez völlig auf seiten des Gesetzes. Der hatte genug enteignet, genug Land verteilt. Mercedes, Ramirez' einziges Kind, hatte sich nun einmal in den kleinen Rechtsanwalt Vázquez verliebt. Und daß sie nachschwätzte, was er schwätzte, sich von ihrem Mann belehren ließ, gehörte nun mal dazu. Vázquez hatte vor seiner Ehe eine ganz kleine Landpraxis gehabt, in der es meistens um Bauernprozesse ging infolge der neuen Rechtslage. Er hat aber auch nichts dagegen, dachte Ramirez, jetzt, unter dem neuen Präsidenten, die neue Praxis auszuüben, die ich ihm hier in der Hauptstadt verschaffte, und er hat auch nichts dagegen, mit uns und mit Mercedes und ihren zwei kleinen Jungens in dem Haus zu wohnen, das mich eineinhalb Millionen Pesos gekostet hat. Das könnte er freilich nicht, wenn er immer spucken könnte in meine Geschäfte, zum Beispiel in das Geschäft mit dem Müller. –

Vázquez redete fortwährend: „In diesem Krieg sind wir durchaus auf Roosevelts Seite. Wir sind auf der Seite der Amerikaner. Ihr Roosevelt ist der gerechteste und vernünftigste Mann unserer Zeit. Und die Leute, die Farbenfirma, die dieser Müller hier seit Jahrzehnten vertrat, er soll aber jetzt die Finger davon lassen, sonst kann er eingesperrt werden, diese Leute, die Deutschen, werden von Hitler geführt. Sie sind auf der Seite der Japaner, die haben Pearl Harbour bombardiert. Hitler hat ganz Europa überfallen. Ich habe gelesen in vielen Zeitungen, in englischen und französischen, wie grausam und böse er ist. Diese Deutschen ermorden gar Gefangene. Sie verbrennen Dörfer und Ernten. Sie sind auf einmal wie die Teufel, und all die deutschen Firmen sind in des Teufels Geschäften. Darum hat man ja die Schwarze Liste gemacht. Man nennt sie so, weil kein ehrlicher Mensch mit irgendeiner dieser Firmen Handel treibt. Jedes Geschäft verlängert doch diesen entsetzlichen Krieg." –

Der Tag war plötzlich zu Ende, und auch im Zoologischen Garten waren die Tiere ruhig geworden. Als die zwei Männer umkehrten, waren die Fenster schon hell. Die Frauen saßen im Haus.

Ramirez sagte: „Beruhig du dich mal. Europa, das ist weit weg. Und sieh mal, dieser Fernandéz drängt jeden Tag. Er sagt, seine Händler, die kleinen Händler am Markt, machen ihn ganz verrückt, weil er manche Farben, Firnisse, Öle nicht liefern kann." –

Sie gingen durch die Veranda ins Wohnzimmer. Mercedes fühlte, daß Vater und Mann in irgend etwas nicht einig waren. Bei der Begrüßung fragte sie Vázquez mit den Augen. Der murmelte: „Später, mein Lieb." Ein Löwe oder ein anderes Tier brüllte noch einmal unerwartet in die Nacht. Mercedes sagte: „Die haben doch schon geschlafen. Ich möchte wissen, ob eins was träumt."

Vázquez strich über ihr Haar. Sie gefiel ihm noch immer gut. Es gefiel ihm hier gut.

Benito hatte den Rat der Eusebia befolgt. Und seine Frau gab ihm Proviant für die Reise mit. Gott weiß, wie Luísa es fertigbrachte, Tortillas mit Fleisch zu füllen. Beim ersten Bissen war Benito erstaunt und dankbar und gleich dazu tief besorgt: Das geht meinen Söhnen ab. – Doch wie es auf Reisen geschieht, der Faden, der ihn mit daheim verband, war straffer und straffer geworden. Dann war er unerträglich gespannt. Benito brütete über den Sorgen, die ihn dazu gebracht hatten, sich aufzumachen nach San Blas und diesen Zug zu besteigen. Als ob es verhängnislose alltägliche Sorgen wären, die jeden beklemmen könnten, der nach gewöhnlichen Speisen hungert, nach Reis und Tortillas, nicht nur den Mann, der auf etwas Besondres aus war, mit all seinem Sinnen und Trachten. Doch mit den Sorgen, sofern sie handgreiflich waren, hatte daheim seine Frau zu tun, je weiter der Zug davonrollte. Sie mußte entscheiden, wie sie sich mit ihrer Schwester und ihren Kindern durchbeißen konnte bis zu seiner Heimkehr. Vielleicht, indem sie dem Wirt oder gar dem frechen Leopoldo Verschiedenes auf das Maultier lud, das Benito ein paar Tage nicht benutzte. Oder, indem sie die Truthähne schlachtete, was sonst erst auf Weihnachten geschehen wäre, und teils verkaufte, teils einsalzte.

Benito hatte die Säcke mit leeren Dosen, die Rubén ihm füllen würde, unter den Knien verstaut.

Der furchtbar gespannte Faden riß aber immer noch so stark, daß er stumm und verzweifelt kaute, denn hungrig war er. Zu Fuß war er in der Nacht, die auf Eusebias Besuch gefolgt war, an den Bahnhof nach San Blas. In dem vollgestopften Abteil hatten die Menschen schon längst begonnen zu kauen und zu schwatzen. Er aber, er glaubte, er könne den Riß nicht mehr ertragen, so gespannt war der Faden, der ihn in dem stickigen Abteil mit daheim verband, mit den hungrigen Kindern, mit seinem Mulo, mit der Werkstatt, in der die Drehscheiben stillstanden, weil das Wichtigste fehlte. Auf einmal riß der Faden, denn er war allzu straff gespannt. Benito dachte nicht mehr an daheim, er war jetzt richtig auf der Reise. Und er beschloß, nicht zurückzufahren, bevor er sein Blau gefunden hatte.

Die Mitreisenden merkten vielleicht, daß er jetzt richtig zu ihnen gehörte. Sie begannen ihn auszufragen. Eine Flasche Pulque hüpfte von einem zum anderen. Benito tat einen Zug. Er fühlte sich dann so leicht, wie schon lange nicht mehr. Er gestand zwar nicht, was ihn drückte, oder eher, gedrückt hatte, denn im Erzählen und im Aufhorchen seiner Reisegefährten war der Druck schwächer und schwächer geworden. Er berichtete aber, „ich suche einen Verwandten, der ist in San Mateo in Arbeit im Silberbergwerk" – zu verraten, warum er ihn suchte, kam gar nicht in Frage, er konnte auch nicht schwören, ob es wirklich ein Silberbergwerk war. Denn schließlich, was hatte ein solches Bergwerk mit seinem Blau zu tun? Und auch, was nicht? – Da sagte der freigebige Mann, bei dem die leere Pulqueflasche gelandet war: „Also nach San Mateo willst du? Ich glaube aber, die Herren, die haben die längste Zeit gegraben. Aus der Erde, zum Beispiel auf einer Milpa, wächst alles nach. In einem Bergwerk hört alles mal plötzlich auf." Er hatte seinen riesigen Strohhut vor die Brust gebunden, als sei er gewohnt, daß man ihm und mit ihm seinem Hut Platz ließ. Fünf, sechs andere hatten ihre Strohhüte übereinandergestülpt. Ein kleiner Pfiffiger hatte den Hutturm auf seinen Knien. Benito ließ seinen immer noch auf dem Kopf. Eine Frau, die vielleicht die Tochter des Selbstbewußten, des Freigebigen war, ein Kind im Schoß und eins im Rebozo, die waren vielleicht seine Enkel, sagte: „Diese Gonzalez', die haben ihre Schäfchen im trocknen, ihre Silberschäfchen."

Benito fragte: „Wo steige ich aus?"

Darüber wurde lange gestritten. Der freigebige Mann, er hatte ein strenges und hartes Gesicht, bartlos, auch seine wuchtigen Arme waren kaum behaart, man hätte ihn nie für freigebig gehalten, wenn man nicht zufällig mit ihm gefahren wäre, sagte: „Weißt du, in welchem Schacht er steckt, dein Vetter? Nein? Dann mußt du zuerst ins Haupthaus. Es gibt in der Direktion ein Buch, in dem stehen alle, auch dein Vetter. So steig also schon in San Mateo aus. Im oberen San Mateo. Geh eine Stunde auf der Straße." –

„Übrigens", sagte die Frau, die, wie es Benito vorkam, viel zuviel sprach, „hast du noch Zeit genug, um den Ort zu wählen, an dem du aussteigen willst. Der Tag hat kaum begonnen, und wir fahren die Nacht durch und in den zweiten Tag hinein." –

Ich hätte vielleicht eine solche Reise nicht machen sollen, dachte Benito. Er hatte nicht geahnt, wie lange sie dauern würde. Immer schon war Eusebia eine bedenkenlos unternehmende Frau gewesen. Wie er erschöpft den Kopf anlehnte, rutschte ihm der Hut übers Gesicht, und in der Nacht seines Hutes versuchte er sich den Vetter Rubén vorzustellen, er mußte ihn irgendwo schon mal getroffen haben. Er fuhr abwärts in den Schacht der Erinnerung, immer tiefer und tiefer, bis er endlich aussteigen konnte. Er war jetzt freilich tief unter der Erde. Er hätte sich geängstigt, wenn hier nicht sein Blick sofort aufs Gesicht des Vetters gefallen wäre. Ja, das Gesicht fiel ihm ein, länglich, böse, starke Zähne, hastige Redeweise, plötzliches, wie befohlenes Schweigen. Das Gesicht glänzte jetzt stark vor Schweiß. Hier unten war es drückend dumpf. Rubén hatte ihn aber erwartet. „Komm schnell." Benito wußte nicht recht wohin und warum, aber er lief gekrümmt in dem niedrigen Stollen hinter dem Vetter her. Er hatte manchmal von so einem Ort erzählen hören, hier war es besonders eng und dumpf. Er wäre vor Atemnot am liebsten umgekehrt, aber er wußte, daß der Vetter ihn richtig führte, auch als sie aus diesem Stollen in einen Nebenstollen, von diesem in einen anderen krochen, der noch viel dumpfer und niedriger war. Jetzt sind wir in der Mitte der Erde, dachte Benito. Kraft und Hoffnung verließen ihn. Da sagte Rubén: „Hier", und er kratzte ein bißchen an der Wand, und in dem feuchten Gestein wurde etwas Leuchtendes sichtbar. Benito fühlte seinen Triumph, das war das Blau, das er suchte. Rubén sagte: „Wir schaben es ab, und wir bringen es weg." Dann aber drängte er Benito zurück. Der drehte nochmals den Kopf, und er sah noch einmal das Blau leuchten, wenn auch schon weit entfernt. Aber eher noch stärker in der beklemmenden Dunkelheit, und er fühlte einen Triumph wie nie im Leben.

Er hörte ein Kindlein quengeln, und er zog seinen Hut auf die Knie und atmete tief. Der Pfiffige nahm ihm den Hut ab und stülpte ihn auf die übrigen Hüte. Der hatte wohl seinen Spaß, je höher der Hutturm wuchs. Die redelustige Frau, die gar nicht die Tochter, sondern die Frau des Freigebigen war, gab dem kleinsten Kind ihre Brust. Das große Kind fing dann auch an zu quengeln, es wollte auch trinken. So viel Milch hatte die Mutter schon nicht mehr. Die Männer lachten. Der Freigebige drohte mit harten, gelben Augen. Er gab dem großen Kind eine Banane. Alle fühlten jetzt Hunger und auch Durst von dem Schmatzen des Kleinsten. Benito biß in seine Tortilla, die so scharf und reich wie die erste gefüllt war. Der Freigebige, der scheinbar auch ein Unerschöpflicher war, brachte die zweite Pulqueflasche zum Vorschein, und er ließ sie rundumgehn.

Benito sah über die Schulter weg auf ein kahles und unbekanntes Gebirge. Sie hielten auf einem Bahndamm. Hier stieg einer aus, mit Säcken. Ein Junge wartete mit dem Maultier und half beim Aufladen. Dann führte der Junge das Maultier den Bahndamm hinunter, zurück ins Dorf. Mit tiefem Verlangen nach seinem bedachtsamen unvergleichlichen eignen Maultier, es würde vielleicht jetzt, behutsam für andere die Lasten schleppend, daheim die Seinen ernähren, sah Benito hinter dem Fremden her, wie er neben dem Knaben den Abhang hinunterstieg. Beide gingen in die Ebene hinein zum nächsten Dorf. Ja, aber ich darf noch nicht heim, dachte Benito traurig und doch auch mit Stolz, ich bin auf mein Blau aus. Der nicht.

Hinter seinen gesenkten Lidern war die Dunkelheit längst nicht so dicht wie unter dem Hut. Es kam keine Traumnacht zustande, nur eine Gedankennacht. Sie schichteten Stöße von Tellern, sie verschnürten die Stöße und auch einzelne Töpfe, alles hielten zwei Netze zusammen, die rechts und links über den Rücken des Maultiers geknüpft wurden – dabei halfen ihm Luísa und die von ihrem Mann verlassene Schwägerin und auch der älteste Sohn. Auf einmal drang aus jeder Masche der Netze ein Leuchten, wie vorher aus dem feuchten Gestein. Das Maultier drehte ein wenig den Kopf, als ob es das Leuchten spüre und davon beunruhigt sei. Seine ernsten und traurigen Augen suchten die Augen Benitos: Bleib achtsam, nach so viel schweren Mühen, nach so langer Reise. –

Die härteste Sonne schien plötzlich Benito genau ins Gesicht. Er konnte nicht träumen, und er konnte nicht denken. Die Schluchten waren schmaler und dichter geworden hinter den Köpfen der Reisegefährten. Sie wurden waldig. Manche Berggipfel verdeckten die Sonne, bis sie wieder hervorschoß, schonungslos, hart. Doch unversehens stand sie tiefer als das Gebirge. Als die Bahn aus den Wäldern hinaus über kahle und flache Abhänge sauste, waren Mond und Sonne zugleich am Himmel. Da lag ein Dorf im letzten Tageslicht, da krallte sich ein einzelner Kaktus sowohl an der Erde fest wie am Mond.

Um Benito herum wurde gelacht wie verrückt. Die Frau war

unerschöpflich an sonderbaren Geschichten. Benito dachte immer: Warum schweigt sie nicht mal? Wie schweigsam und sanft ist Luísa.

Endlich, in der Nacht, war alles verstummt, von einem Moment zum anderen. Ein fremdes Kind rutschte Benito auf die Knie. Er hielt es fest, als ob es etwas zerbrechen könnte. Doch auch dieses Kind, das vielleicht fremd, vielleicht sein jüngstes war, starrte in die Luft wie benommen, das fühlte Benito. Auch sein Blick sog an der Nacht, als ob sie enthalte, was er suchte und brauchte.

Frühmorgens, die neue Sonne biß noch längst nicht, stieg der Freigebige aus dem Zug mit seiner unerträglich redelustigen Frau und ihren beiden Kindern.

Er sagte noch einmal zu Benito: „Steig aus in San Mateo. Der Zug hält dort nur drei Minuten."

Benito dankte hinter ihm her. Er war von jetzt ab in einer neuen gewaltigen Spannung. Er fürchtete sich, wieder einzuschlafen und den Ort zu versäumen. Sie fuhren aber noch stundenlang eine Ebene hinunter. Dann fältete sich das Land, die Falten wurden abermals enger und tiefer; die Bahn fuhr aufwärts in einer Spirale, so steil, daß es ihn schwindelte. Er hatte auch Angst, sie könnten nach rückwärts abgleiten, dann wieder hatte er Angst, sie könnten alle in eine neue Schlucht stürzen. Auf diese Bahn war aber Verlaß wie auf sein Mulo. Sie hielten an einer Ortschaft, an der ein ganzer Trupp aufsprang, selbstherrische, finstere, hochmütige Menschen, so viele, daß man die Abteiltür nicht schließen konnte, es hingen welche noch außen am Zug.

Benito begriff schnell, daß diese Neuen richtige Bergleute waren, und er vernahm, daß ein Teil in San Mateo aussteigen würde, und er suchte sich ein Gesicht, das in seinem starren, finsteren Hochmut doch Spuren von Zugänglichkeit enthielt. Er fand einen Burschen, viel jünger als er, außerordentlich mager, sein frecher Blick war aber nicht versperrt, als Benito ihn ansprach. Im Gegenteil. Er sagte nur spöttisch, rasch, weil lange

Ortserklärungen diesem Fremden nichts nützen würden: „Komm mit!"

Benito glitt mit dem ganzen Trupp von Bergleuten auf die Station. Wie er sich aufraffte, waren sie alle weggelaufen bis auf den teuflisch mageren Burschen. Der hatte wahrhaftig auf ihn gewartet, und er rannte erst los, als er sah, daß Benito ihm folgte. Als sie auf einer Art Straße gelandet waren, die zahllose Füße dauernd in eine Richtung stampften, hörte Benito immer lauter, je näher sie kamen, ein Rattern, als stürze ihnen der Zug entgegen, den sie eben verlassen hatten. Und er hörte bald auch ein Pochen in kurzen Abständen. Und das Pochen mahnte ihn, und das Rattern erregte ihn. Es anzuhalten stand wohl in keines Menschen Macht. Sie hatten Gruppen von Bergleuten eingeholt, und sie waren längst nicht mehr die letzten der Schicht. Benito war bange, eine Sekunde zu verweilen und dadurch den stolzen, aber zugänglichen Burschen zu verlieren. Jetzt ging die gestampfte Zufallstraße in eine über, die regelrecht durch die neue Ortschaft San Mateo führte. Es gab einige feste Gebäude aus Stein; es gab hüttenartige Holzhäuser, viel schlechter waren die als sein eignes Haus. In dem Rattern und Pochen, das alles fortwährend beben machte, hatte wohl niemand Zeit gefunden, seine zusammenstürzenden Bretter festzunageln. Auch krochen Zungen von Geröll die Abhänge hier und dort herunter, bis zum Straßenrand.

Benito wurde stutzig. Sein Blick suchte die Geröllhalden ab. Er hatte das Rattern vergessen, er hatte das Klopfen vergessen, auf einmal war in ihm die Hoffnung sanft und stark, er könnte an diesem Ort genau das finden, wovon Eusebia gesprochen hatte. Es steckte vermutlich in dem Schutt. Es mußte drin stecken. Der Bursche war ihm entwichen. Die ganze Schicht war ohnedies längst zur Arbeit. Dagegen kamen einzelne Fremde und Gruppen an, träge, völlig erschöpft, um heimzugehen oder in eine Pulqueria. Benito, so ängstlich sparsam er war, konnte sich nicht bezwingen, auch er ging in die nächste. Er sah von seiner Bank aus auf eine breite Zunge Geröll, die schon die äußersten Hütten ableckte. Es war, als ob diese kleine Stadt, die des Bergwerks halber entstanden war, auch schnell wieder von ihm gefressen werde. Es ging Benito keine Sekunde aus dem Kopf, was er suchte, und auch nicht aus den Augen. Wo er hinstarrte, lag davon ein Schimmer. Darin also steckt es, sagte er sich, wie weiter? Er trank heißen Kaffee, er trank Pulque.

Jemand fragte ihn, ob er Arbeit suche, es würde niemand mehr eingestellt. Auf seine Antwort, er suche gar keine Arbeit, sondern einen Verwandten, nickte der ziemlich alte Mann, der die Frage gestellt hatte. Er war neugierlos. Deshalb schöpfte Benito zu ihm Vertrauen. Er fragte ihn nach dem Direktionshaus, in dem, wie er im Zug vernommen hatte, alle eingeschrieben seien, die hier in Arbeit stünden. – Der alte Mann, er war aber stark, und um die Familie zu ernähren, hatte er sein Alter falsch angegeben in eben diesem Verwaltungshaus, ging mit Benito zur Tür der Pulqueria. Und er zeigte ihm das dreistöckige steinerne Gebäude. Dann, obwohl sie noch eine Weile zusammen tranken, stellte er keine Frage mehr. Als ihn Benito seinerseits fragte: „Und all dieser Abfall, dieser Schutt, wird er denn nicht bald in die Stadt hineinrutschen?“, erwiderte er: „Schon möglich. Wer weiß?“ Und als Benito erregt fragte: „Und gibt es denn nicht in dem Schutt vielerlei Steine, die man verwerten könnte?“, erwiderte er: „Schon möglich. Wer weiß?“ Und als Benito, der, was er begehrte, aufglänzen fühlte im Geröll, von dem er den Blick nicht lassen konnte, bis er sein Blau zu erblicken glaubte, so daß er ganz verzückt davon war, seinen Gefährten fragte: „Wühlt man denn nicht dauernd darin? Sucht man nichts?“, bekam er schon richtig mißtrauisch ein knappes Achselzucken zur Antwort und keinen Laut mehr.

Also ja, dachte Benito. Angst erfaßte ihn, er käme zu spät. Das dauernde Pochen, spürte er, zerstieß das Gestein, und was sie nicht brauchten, rieselte über die Abhänge. Und sicher, sein Vetter war nicht der einzige, der sich da schadlos hielt. Er bedankte sich bei dem Alten, der wieder nur nickte, und er ging die Straße noch mal hinunter, zum Direktionshaus. So viel konnte er lesen, daß er aus den Buchstaben G und Z den Namen Gonzalez im Schild herausfand.

Das Treppenhaus war voll Menschen. Herren und Arbeiter, Wütende und Gleichmütige. Er überwand seine Angst und klopfte an die Tür, an der ein Schild hing: „Keine Einstellungen mehr".

Durch eine Holzschranke war das Zimmer geteilt. Benito wappnete sich, denn bis er zu der Schranke vordringen konnte, schimpfte und drohte es um ihn herum. Es war, als ob sich nach langem Schweigen Ausbrüche von Wut und Verzweiflung gerade vor dieser Schranke ereigneten. Es gab sogar Frauen mit Kindern auf den Armen und auf dem Rücken, die, wenn sie an der Reihe waren, unaufhaltsam klagten. Auf einmal fuhr Benito ein weißgekleideter, schnurrbärtiger, hartäugiger Herr an, der mit verschränkten Beinen hinter der Schranke saß: „Kannst du nicht reden? Los. Was willst du?" Benito betrachtete sich den Herrn in dem viel größeren, luftigen, fast menschenleeren Teil des Raumes. Er sagte: „Von Ihnen will ich gar nichts. Ich habe meine eigne Arbeit. Ich bin und bleibe Töpfer. Ich will die Adresse von meinem Vetter Rubén Alvarez. Die liegt hier." Der weißgekleidete Herr sah ihn verächtlich an. Er rief aber seinem Schreiber zu: „Sieh nach!" Der kleine Schreiber fummelte herum in seinen Regalen und Heften, dann raunte er dem Herrn etwas zu, der sagte zu Benito: „Den gibt es hier nicht." Benito starrte ihn nicht mehr hart, sondern verzweifelt an, und er murmelte: „Ich bin von arg weit gekommen, ich brauche ihn dringend." Der Herr dieses Raumes, der zu zwei Drittel luftig, zu einem Drittel erfüllt von wütigen Menschen war, drehte sich nochmals um und sagte: „Was stehst du da noch? Es gibt bei uns keinen Rubén Alvarez."

Benito rief: „Es muß ihn geben!" – „Raus. Aber schnell", sagte der Herr. Ein kleiner, junger Bursche, der fast wie ein Knabe aussah, sein Gesicht war von Schmutz und Schweiß verschmiert, daraus blitzten kluge und helle Augen, rief laut: „Rubén!" – „Ja, kennst du ihn denn?" fragte Benito. Und er sah sich um nach dem Burschen, der kleiner war als die meisten. Er fand ihn nicht sofort, aber die Stimme rief rücksichtslos: „Herr, seien Sie mal so gut und sehen Sie noch mal nach! Bestimmt war er hier eingetragen. Nur, daß er jetzt fort nach dem unteren San Mateo ist. Was kostet Sie denn das, nachzusehen?"

Das alles rief er dem Schreiber zu, dem offenbar diese helle, rücksichtslose Stimme nicht unbekannt war, denn er erwiderte: „Er ist nicht mehr bei uns. Er war bei uns."

Der Kleine hatte sich fast bis zu Benito durchgewühlt. Er sagte: „Du, warte draußen auf mich. Ich muß hier erst selbst mit mir fertig werden. Die Spitzbuben schulden mir noch zehn Pesos."

Nach einer Weile kam er ins Treppenhaus, sah frechäugig, aber unbedingt vertrauenerweckend an Benito hinauf und fragte: „Wie heißt du? Ich heiße José Freitas. Also. Wir fahren beide nach dem unteren San Mateo. Ich kenne nämlich dort den Vater von deinem Verwandten Rubén Alvarez."

Hatte Benito bisher noch nachrechnen können – daheim stehen die Scheiben still, und: eine Nacht auf den Zug gewartet in San Blas, im Zug eine Nacht, saßen wir dann die dritte Nacht in der Pulqueria? –, jetzt ahnte er, daß es unmöglich war, an einem genau zu berechnenden Tag heimzufahren. Mit leeren Händen würde er nie heimfahren. Er dachte höchstens, es war kein richtiges Denken mehr, eher ein Zukunftstraum, wie er mit Blaufarbtöpfen beladen in San Blas ankam, und Andrés mit dem Mulo holte ihn ab. Er verschob aber diesen Traumgedanken, weil er ihm vorerst unlösbar dünkte.

An dem Autobus hingen wieder Trauben von Menschen. José stand mit einem Bein auf der Plattform, er hielt sich fest an Benito, der einen sicheren Standort ergattert hatte. Was sonst zu José gehörte, hing mit der Menschentraube heraus. Josés Mund stand keine Sekunde still. Die Brüder Gonzalez, denen zuerst das ganze Silberbergwerk gehörte, hätten nach einem

Krach geteilt. Der ältere hätte Pech gehabt. Sein Anteil sei falsch veranschlagt worden und vermutlich erschöpft in zwei Jahren. Benitos Verwandte, eben diese Alvarez', hätten rechtzeitig Wind davon bekommen und seien sechs Stunden weg gezogen nach dem unteren San Mateo. „Sechs Stunden!“ rief Benito. „Nun und?“ sagte José. Wenn der Camion hielt, riß ein Teil Traube, ein neuer Teil wuchs an, jetzt stand José schon auf der Plattform. „Bei der nächsten Station bekommen wir beide Sitzplätze. Ich, ich hab auch gekündigt und fahre deshalb bis Rondo. Sonst hätten wir uns nie bei diesem verdammten Señor getroffen.“ –

Ja, das ist wahr, dachte Benito, und wenn wir auch nachts erst ankommen, ich kann schlafen bei den Verwandten, in den Geröllhalden, die immerzu nach dem Autobus schnappen, da steckt schon ein bläulicher Schimmer drin, wir werden uns einig werden, mein Vetter Rubén und ich. –

Jetzt fragte José: „Suchst du auch Arbeit?“ – „Nein“, sagte Benito, und er fügte, wie er's immer tat, mit Stolz hinzu: „Ich bin Töpfer in dem Dorf Santiago Ixcuintla hinter der Stadt Mexiko. Meine Ware verkaufe ich auf dem großen Mercado.“ – „Da hast du schon einen weiten Weg hinter dir“, äußerte sich José. Es kam ihm unziemlich vor zu fragen, was denn Benito hertrieb. Benito hätte für sein Leben gern erzählt, auf was er aus war, doch er dachte bereits mit Vorsicht: Dann wird es schnell die Gegend wissen, und vielleicht klaut einer, was wir für unseren Farbstoff brauchen. Er dachte schon „unser Blau“.

Wie José vorhergesehen hatte, konnten sie sich alsbald im Innern des Autobus' auf eine Bank quetschen. Es gab außer Benito nur einen einzigen Mann mit einem Sombrero und einem Sarape. Alle anderen fuhren auf Arbeit, hatten alle störenden Kleidungsstücke daheim gelassen. José fuhr fort: „Ja, dein Verwandter Rubén war Aufseher, und er ist es sicher auch dort geworden.“ Sie fuhren durch ein Waldgebirge, so daß Benito dachte, es sei wieder Nacht. Dann stieß der Autobus in das schräge Nachmittagslicht; auf kahlen Abhängen brannten einzelne Pfefferbäume. Jetzt fürchtete sich Benito nicht mehr vor den ungeheuren Spiralen. Er zählte zwanzig Windungen. Er wußte, daß der Autobus, aus welchem Grund immer, nicht abrutschen könne. Zum erstenmal auf der Fahrt war ihm sein Herz richtig leicht. Dieser José könnte sein kleiner Bruder sein. Er sah durchs Fenster im Abendlicht ein schroffes, aber vertrautes Gebirge. Er war zwar nie hier gewesen, er war aber gestern durch ebensolche Schluchten gefahren. Seine Augen brauchten sich jetzt nicht zu quälen, indem sie den Schutt absuchten nach dem Schimmer, den sein Herz begehrte. Hier gab es gar keine Halden. Es tat ihm wohl, daß sich sein Herz vom Begehren ausruhen konnte. Nur noch die Hoffnung war drin auf Rubéns Farbmühle, von der ihm Eusebia erzählt hatte. Ja, mit einer Mühle, das fiel ihm erst jetzt wieder alles ein, hatte der Vetter Rubén das entdeckte Gestein, vielleicht heimlich entdeckte, vielleicht heimlich zermahlen.

Hier im Autobus gab es keinen Pulque-Spender. Benito war scharf auf einen Schluck, besonders, nachdem er die letzte Tortilla mit José geteilt hatte. Die Büchse voll brauner Bohnen, die hob er sich auf für einen Notfall.

Die Nacht war plötzlich gefallen. Im selben Moment, in dem der Himmel mit Sternen gespickt war, war das Tal mit Lichtern gespickt. Und als der Autobus hielt, vernahm Benito wieder das unbegreifliche Rattern, und zwischendurch, in regelmäßigen Abständen, vernahm er das Pochen. In seinem Herzen brannte der Wunsch, endlich sein Ziel zu erreichen.

„Müssen wir aussteigen?“ fragte er José. „Noch nicht“, erwiderte der, „und überhaupt, ich steige zuerst aus, und du fährst zur Endhaltestelle, dann fragst du nach dem Weg zur neuen Halde, und wenn du den Weg hinter dir hast, der auch noch mal seine Zeit dauert, dann fragst du nach dem Haus der Alvarez'.“ José sprach dann rundherum mit ein paar Bergleuten, die wohl seine neuen Kumpel waren, und schließlich sagte er zu Benito: „Besten Dank für die Begleitung und auch für das Essen. Ich wünsche dir Glück.“ – „Ich dir auch. Danke“, sagte Benito. Er war allein für den Rest der Fahrt. Ein wahrer Schutzengel, dieser José, frech, aber Engel, dachte er. Und da ja die Endhaltestelle etwas Beruhigendes war, denn wenn es nicht weitergeht, braucht man nicht aufzupassen, horchte er auf das Rattern, das vielleicht etwas schwächer, und auf das Pochen, das vielleicht etwas stärker wurde. Und er wunderte sich über all die Lichter, die, dachte er, gefährlich sein mochten für Rubén, wenn er in den Halden suchte, was er nicht suchen durfte. Denn in diesem Bergwerk, das hatte Benito gemerkt, ging es streng zu. José hatte unterwegs spöttisch erwähnt, sie hätten ihn untersucht, seine Taschen hätten sie umgedreht, als ob er zuletzt noch Silber stibitzen und jemandem zuschanzen wollte.

Gegen den endlos langen, locker mit Häusern und Hütten besetzten Straßenrand kroch der Schutt aus dem Bergwerk des jungen Gonzalez. Benito dachte: Hier kann auch mal alles zusammenkrachen, und unsere Mühle, wo bleibt die dann?

Als ihn der Schaffner als letzten aus dem Autobus jagte, kam ihm die Endhaltestelle vor wie ein Steinbruch. Das Tal war versperrt von Schutt. Schließlich merkte er, daß einzelne Menschen in diesem Geröll Pfade benutzten. Er fragte nach der Familie des Rubén Alvarez, und man zeigte ihm eine Richtung. Als er nun selbst einen Pfad betrat, stellte er fest, wie viele Hütten, fast ein Dorf, sich standhaft wehrten mit ihren Bretterwänden gegen all das Geröll. Ja, manche hatten sogar einen Zaun aus Orgelkakteen um ein Viereck Garten gelegt. Benito pries sich selig, wenn er an sein Haus und seinen Stall und seine Werkstatt dachte. So still und stumpf kam ihm hier alles vor, als sei das Lebende dreiviertel verschüttet. Er konnte es gar nicht fassen, daß das Kostbare, das er suchte, hier zu finden sein sollte.

Die Wohnung der Alvarez' war schlimmer verschüttet als andere Hütten. Er klopfte zuerst an eine Art Tür und dann rund herum an verschiedene Bretter. Eine alte Frau machte schließlich auf, und sie fragte wütend: „Was ist denn wieder los?“ Sie war aus Haut und Knochen und grauen Zöpfen, und die Haut war aus Fetzen wie ihr Kleid, soviel er erkennen konnte. Er war so betroffen, daß er vergaß, schnell zu sagen, er sei ein Vetter. Er sagte, er komme aus dem Dorf Santiago Ixcuintla, das liege bei der Stadt Mexiko, und er müsse mit Rubén sprechen. „Der ist längst nicht mehr hier“, sagte die alte Frau. Da Benito erstarrte, fragte sie: „Was hast du von Rubén gewollt?“ Sie war sogleich verschwunden und sagte ins Innere hinein: „Da ist einer, der will was von Rubén!“ Eine grobe und deutliche Stimme fragte zurück: „Was denn?“ – Gleich darauf kam mit buschigen Brauen ein dürrer, doch nicht gespenstiger, sondern bös-lebendiger Mann zum Vorschein. Er zog sein Hemd über und fragte: „Warum kommst du von Mexiko bis hierher?“ – „Wo ist euer Rubén?“ fragte Benito, der seine Verzweiflung beherrscht hatte. Die beiden Alten erzählten durcheinander. „Er ist nach San Cristóbal. Das macht ein paar Tagereisen. Er hatte hier eine gute Stelle. Dort hat er, scheint's, noch eine bessere. Dort ist er, behauptet er, sein eigner Herr. Uns läßt er einstweilen zurück. Einstweilen, behauptet er, der Hund –.“

„Nein, nein“, schrie die Frau. „Er ist ein sehr guter Sohn. Er schickt uns jeden Monat zwanzig Pesos, und er wird uns bald von hier wegholen. Das hat er uns ausgerichtet. Er wird es tun. Rubén ist gut und klug wie keiner.“

Benito sagte plötzlich: „Gibt es hier irgendwo eine Pulqueria?“ Der Mann sagte: „Wie soll es keine geben?“ Und er befahl der Frau: „Leg du dich schlafen. Ich gehe mit ihm.“

Was der Alte die Pulqueria nannte, war eine Hütte, dreimal so groß wie seine, genauso vom Zerfall bedroht. Sie lag nur ein paar Minuten entfernt. Sie war voll. Es gab ein Licht. Die Schicht war gerade zu Ende. Der Wirt schenkte blitzschnell ein. Die Frau, die ihm half, sah sanft und schön aus. Sie trug Halsketten und Kämme im Haar; alles zusammen gab unter dem Licht ein wahres Gefunkel ab. Benito bewirtete Rubéns

Vater, und er stellte sich als Verwandter vor. Ob es die Pulque war oder der Name Eusebia, etwas Wärme erwachte in dem Alvarez, er nickte. „Sie hat mir gesagt“, erklärte Benito, „dein Rubén bereite hier das Blau, das ich so bitter nötig habe.“ Und er erzählte, wie seine Kunden ihn drängten, das ihnen gewohnte Geschirr zu beschaffen, mit einem Rand und einem Muster in der Farbe, die er von Jugend an auf den Mercado brachte. Und plötzlich sei das Blau wie verhext. Eusebia aber hatte davon eine Probe in Rubéns Beutel gesehen. Denn der verstehe es herzustellen. Für ihn, Benito, hänge gewaltig viel davon ab, ja alles, daß er Rubén so schnell wie möglich erreiche.

Der Alte hatte aufmerksam zugehört. Benito ließ einschenken noch und noch, um ihn zum Reden zu bringen, obwohl er dachte, sein Reisegeld schmelze furchtbar. Aber Mittel und Wege mußten sich finden, wenn er einmal Rubéns und seiner Erfindung habhaft geworden sei. Er merkte auch, daß das funkelnde Mädchen besonders um ihren Tisch herumstrich.

Jetzt fing Rubéns Vater, aufgewärmt, aufgerührt, mit seinem Bericht an: „Eusebia, die übrigens meine Kusine ist, hat dir richtig erzählt. In diesen Halden, aus all dem Abfall, den größtenteils das Pochwerk ausspuckt, war irgendein Stoff versteckt, den hat Rubén gesucht. Nämlich, in dem Bergwerk, das jetzt dem älteren Gonzalez gehört, war unter Rubéns Aufsicht ein Kumpel aus Oaxaca, so einer, der riesig schlau ist, aber daraus nichts machen kann, weil er immerfort woandershin muß und es nirgends lange aushält. Rubén aber, wenn der etwas erfährt, der wankt und weicht nicht, bis er erreicht, was er sich in den Kopf gesetzt hat. Nun, dieser Mann, der aus Oaxaca bis hierher kam und später von hier davon ist nach Vera Cruz, weil es ihn zwang, beide Meere zu kennen, im Osten das eine und das andre im Westen – er hat behauptet, das Land Mexiko läge zwischen zwei Meeren und darum sei in ihm ein Zwang, die beiden Meere zu kennen –.

Also, dieser unstete, windige Mensch, der saß mit Rubén im

Schutt. Und wie er da ein bißchen herumschurft, ruft er plötzlich: ‚Ach, guck mal, Rubén! Dieses Zeugs gibt es ja auch hier, natürlich, doch es verkommt. Da, wo ich vordem war, hat man sowas mit besondren Maschinen zermahlen. Doch die Maschinen sind teuer. Die Herren, die haben daran allerdings einen Haufen verdient. Denn wenn es gemahlen wird, das Zeugs, und noch mal geröstet und dann noch gesiebt, dann ist der allerfeinste Restbestand, der fast ein Staub ist, unglaublich blau.' – So hat dieser Mensch geredet, und kurz darauf hat er es hier nicht mehr ausgehalten." –

Die Tochter des Wirts, oder was sie sonst war, geschmeidig, nie blinzelnd, mit dichten Wimpern die Augen versperrt, schenkte ihnen die Gläser noch mal voll. Wie schwach auch die Funzel glimmte, ihre Glasperlenschnüre und ihre Ohrringe und ihre Kämme fingen die Lichtpunkte ein und sprühten sie kreuz und quer durch die volle und enge Pulqueria.

Rubéns Vater lachte unfroh. „Sie ist die Novia von Lorenzo, dem Vetter meines Rubén. Doch Rubén ist lahm. Er hat keine Novia. Deshalb hat er den großen Erfindungsgeist. Gewissermaßen als Ausgleich.

Jener fremde, windige Mensch, der sicher schon weg von Vera Cruz ist, hat meinem Sohn einen Floh ins Ohr gesetzt, an diesem Farbpulver, oder was es war, wäre sein früherer Herr, der ja schon reich war an seinem Bergwerk, noch zusätzlich reich geworden. Mein Sohn Rubén hat zuerst mitgehen heißen, was seine Taschen packten. Er hat's in Ruhe daheim beguckt. Und er hat sich seinem Vetter Lorenzo anvertraut, denn der hält dicht, und der ist erstens ganz versessen auf den Rubén und zweitens versessen, Neues auszuprobieren. Sie haben zusammen die Handmühle fabriziert, die steht noch bei uns daheim, ist freilich stark zu Schaden gekommen."

Das funkelnde Mädchen drückte sich um sie herum und horchte, seit Lorenzos Name gefallen war.

„Es war auch gut", fuhr Rubéns Vater fort, „daß wir mitten drin wohnten in all dem Schutt. Rubén hat sich ja auch selbst durchgewühlt zu seinem Blau, das du jetzt auch suchst. Zusammen mit Lorenzo. Der ist von der Mutter her mit ihm verwandt, so wie Rubén mit dir verwandt ist von mir her. Und schließlich, wie's dieser Kerl vorausgesagt hat, war aus dem Dreck, den du rund um uns siehst in den Halden, die uns bald ersticken, nach dem Rösten etwas da, was man wunderbar nennen kann.

Obwohl mein Rubén ganz viel verdient hat als Aufseher, der er schon war, zuerst bei dem älteren, dann bei dem jüngeren Gonzalez, hat er plötzlich noch mehr verdient am Farbstoff. Den Herren ist es ja bis heute entgangen, wie scharf sie auch sind auf jeden Centavo, daß solch eine Kostbarkeit unverwertet in ihren Halden liegt. Nur, wir sollten hier drin wohnen. Kann auch sein, sie hatten nicht genug Geld für die besondren Maschinen, die der in Oaxaca benutzte. Rubén und Lorenzo haben eine Zeitlang die Handmühle gedreht. Sie haben daheim bei uns gesiebt und geröstet." –

Benito hörte erregt zu. Er rief: „Ja! Und?" Der alte Alvarez fuhr mürrisch fort: „Lorenzo hat Leute ausfindig gemacht, die ihren Farbstoff kauften. Seine Stärke ist gar nicht Erfinden, sondern Verdienen. Da hat er auf einer Geschäftsreise eine Gegend entdeckt, genau wie sie eine brauchen, hat er behauptet. Bei San Cristóbal. Und einen Bach in den Bergen. ‚Da muß unsre Mühle sein', hat er gesagt, ‚dann braucht man nicht mehr mit der Hand zu drehen.'

In San Cristóbal ist man scharf auf Rubéns Blau. Dort gibt es viele Käufer. Kann sein, Benito, du bist nicht der einzige, der so wild ist auf dieses Blau, kann sein, auch dort herum ist es gänzlich versiegt, und auf nichts sind die Menschen so wild wie auf einen Stoff, den es gar nicht gibt. Darum sind jetzt Rubén und der Vetter Lorenzo hinter der Mühle her, um sie in Gang zu setzen.

Es gibt auch dort hinter San Cristóbal noch ein Bergwerk. Es gibt auch dort solches Zeugs in den Halden. Freilich, Rubén sitzt nicht so bequem drin, wie er bei uns saß. Er sitzt dort allein in den Bergen. Das hat aber auch etwas für sich, meint Lorenzo, weil sie niemand belauert, nur muß ihr Maultier zuerst mal das ganze Zeugs von dem Bergwerk an schleppen und dann, was fertig ist, in die Stadt." –

Der Wirt fegte die letzten Gäste hinaus. Benito hätte sich niemals zurückgefunden, wenn Rubéns Vater nicht zu seiner Hütte gesteuert wäre. Pendelnd, sogar ausrutschend und doch zugleich Benito steuernd, der seinerseits Rubéns Vater stützte oder ihm aufhalf, kamen sie schließlich daheim an.

Sie legten sich auf die Matte, die so zerflettert wie alles war. Benito dachte, wenn er hier länger bliebe, zerfalle er noch vor seinem Tod. Die Alten sagten auch immer wieder, ihr Sohn Rubén müsse sich eilen, damit sie wegkämen von hier, bevor die Halde sie überwältigt hätte. Benito verstand nicht, wie man hier wohnen konnte. Damit verglichen war sein Daheim ein Paradies. Aber wohnte er jetzt nicht selbst hier? Auf einmal, liegend, entdeckte er, daß dieser alte Alvarez die Augen der Eusebia besaß, so alt und so klug wie die Sterne, rein alles erspähend mit ihrem unversiegbaren Licht.

Die alte Alvarez fing aus dem Schlaf noch einmal an, ihr Sohn schicke jeden Monat etwas Geld durch Lorenzo. Der lasse sie sicher nicht im Stich. Gerade vor kurzem sei Lorenzo wieder gekommen, daher hätten sie Kaffee und Zucker und Bohnen und Reis. Doch Benito wärmte sich anderen Tags seinen Rest Bohnen auf, denn er merkte, die Leute hatten es knapp, bis dieser Lorenzo wiederkam. Er grübelte nach, wie er es anstellen könnte, um zu Rubén zu fahren. Und schließlich heim? Die Frage ließ er gar nicht recht aufkommen. Er wußte jetzt, daß das, was er brauchte, vorhanden war und sogar ungefähr wo. Er durfte noch gar nicht an daheim denken.

Den ganzen Morgen saßen sie stumm, Benito und Rubéns Vater, vor der Bretterwand im Schatten unter ihren Hüten. Benito sah finster auf den grauen bräunlich griesigen Boden. Auf einmal durchblitzte ihn ein Gedanke. Er sprang auf und rief: „Heilige Jungfrau! Ihr habt doch gewiß noch irgendwo einen kleinen winzigen Rest von dem Farbstoff, den Rubén gemahlen hat?"

Die Alte steckte ihr Gesicht heraus, das bräunlichgrau wie die Halde war, doch immer mit einer Spur Spottlust um den fadenscheinigen Mund. In ihren Augen war zwar nicht solch ein Licht wie in ihres Mannes Augen, doch erstaunlich viel Helligkeit, gemessen an der Halde.

„Wer weiß? Da mag noch etwas zu finden sein. Wo die Bretter beisammen liegen, die mal ihre Handmühle waren. Rubén hat uns erlaubt, sie zu verbrennen, wenn es gar zu kalt wird." – „Daran merkst du", sagte ihr Mann, „daß Rubén nicht daran denkt, uns vor dem Winter zu holen." –

„Wer weiß?" sagte die Frau, hoffnungslos und verzweiflungslos. Sie brachte Benito unter eine Art Vordach, das auch schon in sich zusammengefallen war. Und sie rutschte und spähte zwischen die Bretter, und sie kratzte herum, und sie sagte: „Etwas wie das hier. Es ist schon möglich." Sie spuckte auf ihre Fingerspitzen. Den Rock hochziehend über dem alten schrumpligen Knie, zerrieb sie etwas von dem zusammengekratzten Staub. Sie rief: „Wahrhaftig!" Benito zerrieb nun gleichfalls etwas von diesem feuchten Staub auf seinem Unterarm. Die Alte lachte vergnügt und wiederholte: „Ja, ja, das ist es." Da Benito unter dem Vordach nichts unterscheiden konnte, trat er ins Sonnenlicht. Er spuckte und rieb. Da war ohne Zweifel in dieser verschütteten und verstaubten Welt auf seinem Unterarm genau das Blau, das sein Herz begehrte. Wahrhaftig, es hatte wo im Geröll gesteckt, und jetzt war es da, es war da. Er sah es endlich mit eignen Augen. Er sagte, sein Freudezittern bezwingend: „Das ist es. Ich will sofort hin."

„Ich würde dir raten, auf Lorenzo zu warten", sagte der alte Alvarez.

Benito sagte: „Ich warte nicht auf Lorenzo, ich nicht. Ich muß fort. Habt Dank für die Gastfreundschaft."

„Du kannst nicht allein nach San Cristóbal", sagte der alte Alvarez, „und selbst wenn du's könntest, dann hättest du Rubén noch längst nicht gefunden. Ein Jammer, daß der Vetter Lorenzo vor kurzem hier war. Doch er kommt wieder, mit Geschenken für uns, vielleicht auch mit Fahrgeld, endlich. Vor allem kommt er, weil ihn doch dieses Mädchen, das Concepcion heißt und das du auch kennst, die Schöne in der Pulqueria, gewaltig immer noch anzieht. Beruhige dich also und warte. Dein Blau verfliegt nicht. Wir werden alle zusammen fahren."

„Ich kann nicht so lange warten."

„Warum nicht?" –

„Die warten daheim auf mich." –

„Laß sie warten. Sollen sie warten." –

Sie saßen wieder nebeneinander im Schatten ihrer Hüte. Benito sah auf seinen Unterarm. Sein Herz zuckte vor Freude, wenn er sich vorstellte, daß sein Blau jetzt erreichbar war, und sein Herz knirschte verzweifelt, wenn er sich vorstellte, wie weit er noch davon entfernt war. Er murmelte: „Meine Söhne und meine Frau können glauben, ich weiß nicht was."

„Hör mal", sagte Rubéns Vater, „gibt es bei euch einen Menschen, der glatt lesen und schreiben kann? Wir müssen einen finden, der für dich heim schreibt."

Benito drehte den Kopf. Es war ihm wieder, als glänzten Eusebias Augen in Alvarez' zerknittertem Gesicht. Er rief: „Andrés! Mein ältester Sohn! Der kann es!" Und er dachte nach und fügte hinzu: „José, der mich zu euch brachte, der kann es auch!"

Denn ihm fiel ein, daß José im Büro des älteren Gonzalez Papiere gelesen und geschimpft und ein Papier mit Schrift bedeckt hatte. Man konnte so einem nichts vormachen und später auch seinen Söhnen nichts. Denn der Kleine, Gabriél, der sollte gleichfalls lesen und schreiben lernen.

Er sagte: „José wird für mich schreiben: Bereitet Ton vor. Benito ist bald zurück. Er hat alles gefunden. Er grüßt euch." –

José – das stellte sich jetzt erst heraus – war beinah ihr Nachbar. Nur, daß hier jede Hütte das Lebende aufsog und abgab, stumm, wie erstickt von Geröll.

José hätte gern genau gewußt, was Benito gefunden hatte. Doch da sich Benito ausschwieg, ließ ihn José, auf seine Schreibkunst stolz, ohne viel Worte die Postkarte zahlen.

Eines Nachmittags sprach Fernandéz bei dem Herrn Ramirez vor. Er hatte ihn nicht in seinem Büro aufgesucht, sondern daheim in Chapultepec, weil sein Plan zwar ohne Ramirez' Hilfe gar nicht zustande käme, doch besser zunächst amtliche Dinge nicht berührte. Ramirez ging mit ihm hin und her auf demselben Gartenweg, auf dem er sich abends mit seinem Schwiegersohn besprochen hatte.

„Ob sie es glauben oder nicht", sagte Fernandéz, „Alfredo Müller hat, sage und schreibe, ungefähr fünfzig Posten, die alle in seinem Geschäftsbuch verzeichnet sind, auf fünfzig verschiedene Orte verteilt. Er schickt sie an alle Besteller ordnungsgemäß. Bis auf drei, vier unbedeutende Posten, die ich mir anderswo auch besorgen kann. Die Hauptpunkte sind gesichert. Ich bin bereit, meinen eignen Abnehmern pünktliche Lieferungen zu garantieren. Die Abmachung mit Müller beruhigt mich im Hinblick auf kommende Abmachungen."

Ramirez sagte: „Mein Freund, ich nehme an, daß Sie nicht Ihre und meine kostbare Zeit in Anspruch nehmen, nur um mir die Zuverlässigkeit des Herrn Müller zu rühmen, der hier, soviel ich weiß, zwanzig Jahre Vertreter einer bedeutenden deutschen Firma gewesen ist."

„Stimmt", sagte sein Besucher, „der ist längst naturalisiert. Er ist Mexikaner wie Sie und ich. Wenn wirklich die Amerikaner die Firma verboten haben, die er vertrat, dann haben sie zu diesem Zeitpunkt nicht in Betracht gezogen, daß Deutschland einen Erdteil besetzen wird, in unvorstellbar kurzer Zeit. Und diesem Deutschen oder Exdeutschen war es möglich, die Lieferungen einzuhalten. Die haben nun mal Unternehmungsgeist."

„Mein Freund", sagte Ramirez, „vergessen Sie nicht, die Gringos verstehen auch manches von Geschäften. Und sind nicht schlecht beraten. Ja, mein Schwiegersohn übersetzt mir englische Zeitungen. Es ist noch nicht aller Tage Abend. Ja, die Landsleute dieses Herrn Müller haben fast einen Erdteil besetzt. Und da die Japaner ihre Verbündeten sind, wollen sie uns vielleicht auch an der Küste des Stillen Ozeans besuchen, so ähnlich wie die Japaner es schafften mit Pearl Harbour. Doch jetzt ist die Sache ins Stocken gekommen. Die Russen, wissen Sie, die sind nicht von schlechten Eltern. Und meistens, in Kriegszeiten, heißt ‚ins Stocken gekommen' soviel wie ‚Zurück'. Also. Das heißt, mein Freund, ich würde an Ihrer Stelle trotz der guten Erfahrungen, die Sie bisher mit Ihrem Don Müller machten, bei meinen Kunden nicht für die kommenden Lieferungen garantieren, die Ihnen Don Müller versprach."

Fernandéz dachte einen Augenblick nach. Dann wechselte er den Ton: „Unter den vierzig bis fünfzig Punkten, auf denen der vormalige Vertreter der deutschen Firma bestehen wird, denn schließlich hat er mit mir einen festen Vertrag, befinden sich eine Menge kleiner Fische, die man schnell los wird. Es gibt aber auch verschiedenes, ohne das man das große Projekt nicht ausführen kann, das Sie im Auge hatten."

„Zum Beispiel?"

„Das Zeugs, das man braucht zum Imprägnieren von Holz. Da denke ich an die Eisenbahnschwellen und Telegrafenstangen in unsrem Staat."

Ramirez dachte seinerseits nach. Er war mit Fernandéz zehnmal so oft wie mit seinem Schwiegersohn, freilich viel geschwinder, den Gartenweg auf und ab gegangen. –

„Wenn sie mit ihm verhandeln, müssen Sie durchblicken lassen, ihn sozusagen warnen, daß alles, was er auch vorschlägt, unter seiner Kappe geschieht." –

„Gewiß. Das wird schriftlich und mündlich geschehen", sagte Fernandéz und dachte: Du, Ramirez, mein Sohn, bekommst morgen auf meinem Geschäftspapier die Bestätigung, daß ich meinen Abschluß mit diesem verdammten Müller unter der Voraussetzung mache, zu der du selbst mir geraten hast.

Und eine Bestätigung dieses Schreibens erhalte ich dann von deinem Büro mit eurem Stempel, um den es mir zu tun ist.

Und wirklich, was geht mich es an, ob der Mann sein Lager nach Monterry oder sonstwohin verlegt? Wieso muß ich wissen, was von seinen Lieferungen aus den beschlagnahmten deutschen Beständen stammt oder aus einer unsrer Fabriken im Land? Übrigens, dieser verdammte Müller sitzt jetzt zwanzig Jahre in Mexiko, er wird sich schon selbst aus der Schlinge ziehn und noch zwanzig Jahre hier sitzen. Und ich wär der Dumme, wenn ich's mit ihm verdorben hätte, denn wie es auch ausgeht mit diesem Krieg, der nicht mein Krieg ist, der Müller, der versteht sein Geschäft und gibt es nie auf.

„Ich rate dir wirklich, Arbeit zu suchen", fing Rubéns Vater noch mal an, „damit du irgend etwas verdienst, bis Lorenzo zurückkommt. Auf unserer Matte kannst du immer schlafen. Ohne Lorenzo bist du verloren. Von allen Menschen abgelegen, liegt Rubéns Mühle, damit ihn niemand belauert, wie es hier passiert ist. Denn das war auch noch ein Grund, warum er so plötzlich wegfuhr. Die Leute haben zu lauern begonnen. Der Capataz hat plötzlich behauptet, er bestehle die Halde. Vorher hat sich um diesen Schutt kein Mensch gekümmert, und plötzlich heißt es, er bestehle die Halde. Das war der Zeitpunkt, an dem sich Lorenzo aufgemacht hat. Er hat uns erzählt, Rubén schicke nur deshalb noch kein Fahrgeld, weil er dem Aufseher dort im neuen Bergwerk gleich etwas abgibt. Das kommt ihm billiger als abzuwarten, bis man ihn angezeigt hat. Gleich einen beruhigen, das ist leichter. Der hätte ja bald gemerkt, daß Rubén oder Lorenzo etwas sucht in der Halde und etwas wegschafft auf seinem Maultier. Doch das Handgeld für den Aufseher verkürzt Rubéns Einnahmen. Du tust also gut daran, mein Sohn, bis Lorenzo zurückkommt, dir einen Verdienst zu suchen."

Benito schwieg. Er dachte: Rubéns Vater hätte ihm gleich am ersten Abend erzählen können von diesen lauernden Menschen, die seinen Sohn anzeigten beim Aufseher, und auch, daß Rubén dem Aufseher der neuen Halde ein Abfindungsgeld zahlen müsse. Das hätte ihm alles Rubéns Vater gleich erzählen können. Da es aber nun einmal nicht geschehen war, fand Benito, sei es unnötig zu sagen: Warum hast du mir das nicht gleich gesagt?

Er hatte die Spur Blau nicht wegreiben mögen von seinem Arm. Sie labte ihn, sooft er bedrückt war.

Als er sich schlafen legte, halb auf den rauhen Boden, halb auf die zerfranste Matte neben den Alten, ging es ihm durch den Kopf: Ich will nicht auf Lorenzo warten. Sofort will ich weg und allein. Was soll ich mir hier noch Arbeit suchen? Wenn mein Geld nicht reicht für die ganze Fahrt, verdien ich mir lieber den Rest unterwegs.

Bei diesem Gedanken schlief er ein. Und José, mit dem er hierher gefahren war, fuhr mit ihm im Traum immer weiter hinein in die Berge, die teils waldig waren, teils kahl. Auf einmal war José ausgestiegen. Ihm aber, Benito, wurde nicht bange. Unglaubliche Hoffnung, wie er sie nie im Leben gespürt hatte, erfüllte ihn. Als ob der Mensch solche Hoffnung, vollkommne und sichere, nur fühlen dürfe, wenn er vorher auch wahren Kummer, bittre Enttäuschung erlebt hätte. Die Hoffnung war fast zu stark zum Ertragen. Da hielt das Fahrzeug, das bald ein Autobus, bald ein Zug war, auf einem steilen Bahndamm. Benito erblickte tief unten ein kleines Dorf. Und wie er sich aus dem Gedränge herausgebuddelt hatte, erblickte er seinen ältesten Jungen, Andrés, der schon glatt lesen und schreiben konnte, wie er ihn mit dem Mulo erwartete. Der Sohn sah mit klugen, fast leuchtenden, gleichfalls hoffenden Augen bald auf das Gedränge von Aussteigenden, bald auf sein vollgepacktes Maultier, damit ja nichts geschehe mit der kostbaren Last. Denn nicht Benito brachte den Blaufarbstoff, sein ältester Sohn brachte ihn an den Zug. In diesem Moment, auf den sie alle daheim bis zur Erschöpfung gewartet hatten. Denn nur Benito konnte das Geschirr für den nächsten Markt bereiten. Benito, dem alles sofort klar war, sah auch schon die ruhigen Augen des Maultiers, in denen weder Enttäuschung noch Hoffnung zu lesen war, nur unermüdliche Geduld. Und zugleich, des Maultiers sicher, das jedem Stoß ausweichen würde, erblickte Benito, sorgfältig in Netze verpackt, auf seinem Rücken den Lohn der Arbeit. Durch jede Masche der Netze leuchtete von fertiggebranntem Geschirr das Blau, das man ihm plötzlich daheim verweigert hatte. Er erschrak vor Freude. Aufwachend dachte er: Ich muß es erst heimbringen, es ist ganz unmöglich, daß mich mein Sohn damit erwartet.

Er ging heimlich, ohne dem alten Alvarez ein Wort zu verraten, da er inzwischen auf seiner quälenden Suche ganz schön das Schweigen, ja das Lügen gelernt hatte, in die Pulqueria, die in der Zeit vor dem Schichtwechsel leer war. Er ließ sich das kleinstmögliche Maß eingießen. Sein Geld, das hatte er mehrmals ausgerechnet, würde mit Ach und Krach für die halbe Reise zu Rubén reichen. Die paar Tropfen Pulque, die letzten Centavos, die er sich abzuziehen erlaubt hatte, goß ihm die Schöne ein, die er vom ersten Abend kannte. Nur steckte sie jetzt ohne Lichtgefunkel in einem schäbigen Kleid. Ihre guten Kämme, Ohrringe und Halsketten konnte sie später erst anlegen. Doch ihre Augen und ihre Zähne schimmerten so verlockend, daß Benito begriff, es ziehe Lorenzo von weither zu ihr, auch wenn er jetzt andere Mädchen erwerben konnte.

„Sei so gut", sagte Benito, „und richte deinem Lorenzo was aus, wenn er wieder hier ist."

„Lorenzo?" sagte das Mädchen frech mit einem Ohrringgeschlenker, obwohl sie noch keine Ohrringe trug. „Was für ein Lorenzo?"

„Na, dem Vetter vom lahmen Rubén."

„Ach, der, ach, der", sagte das Mädchen, als hatte sie ihn vergessen, obwohl ihr Herz nach ihm brannte, das war auch ihren Augen und Mundwinkeln anzumerken. „Wird der überhaupt noch mal kommen?" Und in ihrer Stimme war ein Beben.

„Lorenzo? Gewiß", sagte Benito, des Lügens nicht nur abhold, sondern fast schon daran gewöhnt, „ich muß es wohl wissen, da ich bei den Alvarez' wohne. Jetzt freilich fahr ich zu Rubén. Und weil es passieren kann, daß dein Lorenzo zur selben Zeit hierher fährt, so daß wir aneinander vorbeifahren, muß ich dich manches fragen. Verrat mir aber zuerst: Wie heißt du, Schöne?"

„Concepcion. Coucha. Zuerst sagst du, ‚etwas ausrichten', dann glaubst du, an ihm vorbeizufahren. Nun, wie es auch damit bestellt ist: Wenn er wirklich kommt, soll alles vergeben und vergessen sein."

„Was denn?" fragte Benito lächelnd. Wie staubig kalt und grau es hier auch war, wenn die Sonne noch draußen schien, Concepcion machte selbst ohne Geschmeide die Pulqueria glitzern.

Sie sagte: „Alles, was er mir antat. Ich glaube auch nicht, daß er mir jetzt sein Versprechen hält. Was ist denn schon an mir? Zwei gute Zöpfe, nun ja, und Augen und Zähne. Was besitze ich denn? Ein bißchen Geperle aus farbigem Glas, das muß ich tagsüber schonen."

„Ich weiß nicht", sagte Benito, und er strich über ihren Arm, was er daheim nie tat, „mir kommst du schöner als alle Mädchen vor, die ich auf meinem langen Weg traf."

„Warum sagst du so etwas?"

„Weil ich's wahrhaftig denke. Ich habe ja Frau und Kinder. Ich geh ja morgen weg, um etwas zu holen für meine Werkstatt, denn ich ernähre die Meinen als Töpfer. Und Rubén, der macht gerade das Pulver, das ich für meine Farben brauche. Deshalb muß ich zu ihm. Wenn ich dort deinen Lorenzo treffe –"

„Du hast mich beschwindelt, Mann. Wenn du damit rechnest, ihn bei Rubén zu treffen, dann ist er auch nicht unterwegs. –"

„Er kann unterwegs sein, Schöne. Er kann sich auch, wie alle, verspäten. Ich glaubte, ich sei schon längst wieder daheim mit meinem Blau, das mir Rubén verschaffen muß. Und nun sind die beiden weggezogen, Rubén und Lorenzo, um das Gestein woanders zu sammeln und zu mahlen und zu rösten."

Er legte seine durchgeknetete Töpferhand auf ihre Hand. Die war wie ein Schmetterling. Und zuckte auch weg und flatterte. Und sie sagte: „Dann sage ihm, ich hätte an ihn geglaubt und darum würde ich auf ihn warten. Denn ich könnte herrliche Freier haben, jeden Abend sind neue da, auch Aufseher wie Rubén, aber nicht hinkend, sondern von aufrecht starker Gestalt."

„Das will ich ihm alles sagen", sagte Benito, „falls ich ihn dort noch treffe. Sag du mir, wie finde ich mich schnell zu der Mühle, die die beiden bedienen."

Concepcion sagte nachdenklich, fast verträumt: „Die Farbmühle. Ach ja. Lorenzo hat mir geschworen, das nächste Mal nehm ich dich mit, wir brauchen in so einer Einsamkeit ein Weib, das für uns sorgt."

„Wenn die Mühle an einem Bach liegt, wie heißt denn der Bach?"

„Wie soll ich das wissen? Ich weiß nur, der Bach springt in einen Fluß, wenigstens nach der Regenzeit, und der Fluß heißt La Pura, denn das hat mir Lorenzo erzählt. Mit dem beladenen Maultier muß er in die Stadt San Cristóbal. Dort auf den Halden wird das Maultier beladen, und wieder muß er zurück. Sie haben schon feste Kunden in dieser Silberstadt. Bauunternehmer, die kaufen ihr Blau. Wir werden in San Cristóbal aussteigen, wenn wir zusammen hinfahren, Lorenzo und ich. Die ganze Reise hat er mir das letzte Mal aufgemalt, und er hat sie mir fest versprochen, er wird ja wohl kommen, wenn er kein Schuft ist, aber steht es denn in den Sternen, Lorenzo ist wirklich nie, nie ein Schuft?" –

„Er ist wohl keiner", sagte Benito. „Zeig mir doch, Schöne, wenn du noch das Papier hast, den Weg, den er mit dir machen wollte."

Da rannte sie weg. Gewiß, sie hatte sich jedes Schnipselchen aufbewahrt, das von ihrem Liebsten stammte. Benito, der sich weit weg von seinem richtigen Denken als Heuchler fühlte, als glaube er an die Fahrt Lorenzos mit diesem Mädchen, starrte das Stück Papier an. Voll Dankbarkeit für die Auskunft strich er Concepcion über das Haar. Es fühlte sich hart an. Jetzt waren die Zöpfe stramm geflochten, damit das Haar wellig sei, wenn sie die Zöpfe lösen und Kämme hineinstecken würde. Sie sah ihn warm an und traurig.

„Falls du ihn triffst, vergiß ja nicht, ihm zu sagen, wie sehr ich warte."

Benito fühlte sich erleichtert, weil sie aus seinem Versprechen kein großes Wesen machte. Sie war auf alles gefaßt.

„Ich sage dir doch, wo immer ich deinen Lorenzo treffe, ich werde ihm klarmachen, daß er die Schönste von allen verliert, wenn er nicht schleunigst herkommt."

Sie nickte ein wenig, und ungefragt goß sie ihm noch mal das Glas voll. Benito küßte sie so leicht, daß keine Sünde daran war, und er ging. –

Sein letztes Stück zu Alvarez' Hütte, dieser öde, staubige Weg, war freudig. Ihm war zumute, als sei endlich alles zusammengeschmolzen, ein einziger Lohn für sein manchmal brüchiges, manchmal bittres Leben: die unvorhergesehene Pulque-Spende, die Schönheit des Mädchens, an das allerdings Lorenzo vielleicht nicht mehr dachte, die ganz vortreffliche Zeichnung des Wegs, die Lorenzo beim letzten Besuch verfertigt hatte, als stehe eine gemeinsame Hochzeitsreise bevor, und schließlich vor allem Rubéns Farbmühle – dort wurde die Halde zu blauem Staub. – Er schlief auf der Matte in einer freudigen Wolke ein.

Verblüfft war Rubéns Vater, als Benito frühmorgens Abschied nahm. Außer ihrem verweinten Segen hatte die Frau ihrem Sohn nichts mitzuschicken. Sie steckte ein paar dürre, gepfefferte Tortillas in einen von Benitos Säcken, zu den hohlen, rappelnden Büchsen.

„Was ist nur plötzlich passiert mit diesem Menschen?" fragte sie hinter Benitos Rücken. Ihr Mann sagte: „Wer weiß?"

Benito wartete auf den Autobus, in dem er mit José gekommen war. Flugs sprang er hinein, wie ein Mann, der daran gewohnt ist, sich seinen Platz zu sichern. Er erkannte die Kumpels nicht, die sich neben ihm drückten auf der Fahrt zur Schicht, doch sie erkannten Benito. Sie hätten gern erfahren, wovon dieser Mann besessen war. Denn er war wohl von etwas Starkem besessen, weil er plötzlich hier auftauchte bei dem alten Alvarez, mit ihm vor der Hütte saß und nachdachte. Und nun, so unbegreiflich wie er gekommen war, denn im Bergwerk suchte er keine Arbeit, zog er wieder dahin. Sie drückten sich an Benito, die Kumpels, vor allem an seine Säcke. Sie waren nicht böse, das nicht. Sie wollten nur wissen, woran sie waren. Doch wie diese Büchsen schepperten, merkten sie gleich, die waren noch hohl. Von hier nahm er also nichts mit.

Er fuhr nicht durch das Tal, denn er hatte sich ausgerechnet, sein Geld reichte nur für ein paar Stationen. Die Halden kamen ihm heute vollkommen grau vor, und bräunlich und gelblich. Er fragte sich auch nicht, wer hier, da Rubén weg war, Nutzen zöge aus solchem begehrenswerten Gestein. Wahrscheinlich niemand. Neue Halden würden sich türmen, die schließlich Dörfer und Menschen fraßen. Und dann? Ihm war es eins. Er brauchte nur dieses Pulver, um glücklich zu werden.

Er fragte den Schaffner, wie lange er noch für zwanzig Centavos fahren könne. Der Schaffner schrie: „Bist du ganz verrückt? Du hättest längst aussteigen müssen.“ Und er ließ anhalten, nur um Benito mit rasenden Püffen hinauszuschubsen.

Benito kletterte den steilen Abhang hinauf. Es wurde schon heiß. Er klopfte an eine der letzten Hütten. Er bat eine Frau um Wasser. Die Frau glich seiner Luísa. Sie war sanft, ohne Argwohn. Er sagte: „Ich habe drei Söhne.“ Sie sagte: „Ich habe zwei Töchter. Vielleicht wird das Kind, das ich trage, ein Sohn.“

Benito trank ungeheuer viel Wasser. Dann sagte er: „Ich wünsche Ihnen und Ihren Kindern Glück.“

Die Frau gab ihm einen Rest Kaffee. Sie fragte: „Fahren Sie

weit?" Denn wer hier heraufstieg, das war klar, der wollte zur Bahnstation.

„Nach San Cristóbal." –

„Mein Gott. Wohnt dort Ihre Familie?"

Benito lachte traurig. „Die wohnt in der Nähe von Mexiko. Ich muß etwas Wichtiges erledigen." Er sagte nicht, was, obwohl es ihm auf der Zunge schwebte.

„Sind Ihre Säcke schwer?" –

„Das nicht, denn die leeren Büchsen, die muß ich ja voll nach Hause bringen." –

„Hier ist noch ein Rest Reis", sagte die Frau. „Mein Mann ist soeben zur Schicht, dann haben Sie wenigstens etwas in einer drin." –

Benito bedankte sich. Jetzt sah er, wie dick die Frau schon war. Zwei kleine putzige Mädelchen mit sonderbar langen, dünnen Zöpfen guckten ihr hinter den Röcken hervor. Benito sehnte sich nach daheim. Luísa erwartete jetzt vielleicht auch ein Kind. Er wünschte sich sehr ein Mädchen. Die Schwägerin hatte auch nur Jungens.

Er rechnete lange oben am Schalter. Die Leute schimpften. „So was macht man daheim." Als der nächste Zug weg war, fragte ihn die Billettverkäuferin, sie war grauhaarig, sie war vergrämt: „Wann müssen Sie wo sein?"

Benito erwiderte: „Ich muß nach San Cristóbal. Ich muß unterwegs wo was verdienen." – „Nun also", sagte die Frau am Schalter, die vergrämt, aber zugänglich war, als hätte sie das Schicksal gelehrt, den Gram der Fremden zu achten, „da rate ich Ihnen zu einem Billett nach Altamilpa. Denn erstens, dort wird ein Damm gebaut, wir kriegen eine neue Linie, und Sie, Sie kriegen vielleicht Arbeit. Und zweitens, von dort fährt ein Autobus nach San Cristóbal –".

„Vielen Dank", sagte Benito. Er war erstaunt, daß die Frau, anstatt zu schimpfen, genau seinen Weg bedachte.

Er sagte sich: Ich habe jetzt Reis und auch Tortillas. – Er war zufrieden mit seinem Schicksal. Es war vielleicht der letzte Rest

Schicksal. Denn daheim war es einfach Leben, dort würde es endlich schicksalslos sein. Er dachte auch: Zwei gute Frauen nacheinander. Zwei brave Menschen.

Im Abteil seines Zuges zog er, wie er's gewohnt war, die Knie hoch zum Kinn und schichtete seine Säcke, um andere Beine nicht zu schubsen. Der Zug hielt oft. Er hatte noch viele Stunden Zeit. Er war fahrkundig geworden. Er schlief hinter seinem Hut ein.

Er kam hinter dem Hut bei Rubén an. Rubén hinkte so stark wie der Teufel. Er war auch höhnisch. „Blau!" sagte er mit verschmitzter Fratze. „Wer hat dir denn das vorgemacht? Bei uns wird nur Grün gemahlen!" Wahrhaftig, aus der Rinne rieselte etwas wie grünes Mehl in den Sack, den einer, wahrscheinlich war es Lorenzo, bereithielt.

„Ich bin nicht für Grün gekommen", sagte Benito, „was mich hergebracht hat, war die Aussicht auf Blau." Rubén lachte ihn aus. „Nimm's oder nimm's nicht. Wir kriegen's los."

Wirklich, warum soll es unbedingt Blau sein? dachte Benito im Aufwachen. Weil die Tante Eusebia es wiedererkannte? Hat sie sich nicht geirrt. Ihn lähmten auf einmal Zweifel und Ungewißheit.

Ein Mensch in reiner weißer Jacke, der ihm gegenübersaß und ihn beobachtet hatte, sagte: „Mensch, du hast aber schlecht geträumt. Werd du mal schnell wach." Und sieh da, es war nicht zu glauben, auch er hielt Benito zwar keine Flasche voll Pulque, aber irgendein Fläschchen unter die Nase. „Das ist gegen Herzweh, nimm 'nen Schluck. Dein Gestöhne macht einen ja ganz verrückt."

„Na danke. Was ist denn das für ein Gebräu?" – „Wenn du das Gebräu nennst, bitte. Mein Vater verkauft davon in seinem Geschäft in Altamilpa dreimal die Woche zwanzig Flaschen."

„Wie weit ist's nach Altamilpa?" – „Nachts kommen wir an." – „Wird dort der Damm gebaut?" – „Was für ein Damm? Davon weiß ich nichts." – Obwohl er noch jung war, sah er in seiner reinlichen Jacke sinnlos vorsichtig aus. Ein Pfennigfuchser, wahrscheinlich, und auch sein Vater, als könne ihn Menschennähe beschmutzen. Dem seine Jacke, dachte Benito, leuchtet mir nachts. Ein Dritter mischte sich ein. „Ich war beim Dammbau.“

„Wieviel zahlt man? Zahlt man im voraus?“ –

Der Dritte sah ihn rasch an. Er war ein Kumpel wie alle Kumpel. Er hatte begriffen, was diese Frage wollte. „Kriegt man denn je was vor der Arbeit? Nie. Du kannst aber mit dem Capataz sprechen. Du kannst ihm sagen, ich weiß ja nicht nach dem wievielten Tag, man hätte dich plötzlich heimgerufen. Deine Frau sei fürchterlich krank.“ – „So etwas“, sagte Benito, „würde ich nie tun.“ – „Tu, was du willst“, sagte verärgert der Kumpel. Benito hätte es wirklich nicht gern gesagt wegen seiner Luísa, er wollte ihr so was nicht anhängen. Er gab aber auch diese schroffe Antwort, weil der Mensch in der weißen Jacke genau zugehört hatte. Der würde bestimmt herumerzählen, da kommt einer nur für kurz und schwindelt euch was vor.

Obwohl sich niemand mehr um ihn kümmerte, so voll das Abteil war, es war ein Abteil von Schweigern, sagte Benito laut: „Ich muß was verdienen. Ich muß.“ Der Kumpel, der zwar so starr wie die anderen war, aber immerhin aufzulockern, erwiderte: „Tu, was ich dir riet. Geh zu dem Capataz beim Bahndamm, er heißt Felipe. Sag ihm, Abramo hat dich geschickt. Dann tu, was du willst.“

Benito schlief noch einmal ein. Er träumte nicht richtig. Sein Fuß tat ihm weh, als er versuchte, die Töpferscheibe in Bewegung zu setzen. Dann ging ihm auf, daß all das sperrige Zeug unter der Scheibe lag, und es war ohnedies Zeit, das Tongeschirr einzupacken und in die Netze zu stecken und diese Netze dem Mulo aufzuladen. Und wie er einmal die freudige Not des täglichen Lebens auf sich genommen hatte, war kein Grund mehr da und auch keine Möglichkeit, sich ihr zu entziehen. Mit seiner guten Frau und seinen drei Söhnlein, von denen das älteste schon lesen gelernt hatte in der Escuela Rural, ging er, die Hand auf dem Maultier, nicht stoßend, nicht drückend, sondern bloß sein beständiges Dasein kundtuend, auf den Mercado nach Mexiko-Stadt.

Dort war alles wie immer, das heißt, wie es immer sein sollte. Sein Mulo kam in den Mulohof, und seine Frau, unterdes, hatte Teller und Töpfe aufgestellt. Das kleine Mädchen aus der Nachbarbude starrte seinen ältesten Sohn an, Benito dachte: Die wird seine Novia. Schon kamen die ersten Käuferinnen. Luísa konnte sie gar nicht abfertigen, bevor die nächsten erschienen waren. Alle, alle verlangten ihr Lieblingsgeschirr mit dem blauen Muster, teils Ersatzteile, teils im ganzen. Niemand verwunderte sich, daß es da war. Warum sollte es auch nicht da sein? Es war ja sein angestammtes Blau, es war ja sein Muster. Es war das Geschirr, das er zu verkaufen gewohnt war, und sie waren alle gewohnt, es an seiner Bude zu kaufen. Zahllose unbekannte Menschen waren daran gewohnt, von diesem Geschirr zu essen. Er schickte die Jungens weg mit ein paar Centavos, damit sie sich Zuckerbrot kauften. Und wie sein Kleiner halb biß, halb lachte, bekam er selbst Eßlust. Ihm fiel die dürre Tortilla ein, die ihm Frau Alvarez eingesteckt hatte, und auch der Reis der fremden Frau. Er dachte aufwachend: Die Heilige Jungfrau verläßt so leicht niemand. Und er kaute sehr langsam, damit es vorhielt, das bißchen Zeug.

Sie fuhren durch eine Ebene mit so viel Feldern, daß er sich wunderte. Dazwischen lagen kleine zufriedene Dörfer. Benito vergaß, daß er noch im Wegfahren war. Ihm war es zumute, als käme er heim, nun, da er genau wußte, wie er Rubén erreichte. Nur der Gedanke bedrückte ihn, daß er, um sich gründlich satt zu essen und auch um das Geld zu erwerben für das letzte Stück Fahrt, in diesem verdammten Altamilpa aussteigen mußte.

Der Mensch in der weißen Jacke mit seinem glatten Gesicht und seinen sauberen Fingern, der mußte dort auch aussteigen.

Schläfrig, in früher Nacht, stellte Benito fest, daß dieser höchst sonderbare Patron an sich rumzuzupfen begann, was sicher soviel wie Aufbruch hieß. Und wirklich, als der Zug langsam einfuhr, stand der Weißgekleidete auf, sagte „Gute Nacht, die Herren“ und stieg aus. Benito lud seine Säcke auf und folgte.

Im beginnenden Tageslicht stellte er fest, dieser Ort war vielleicht keine Stadt, aber auch kein Dorf mehr. Es wurde hier allerhand gebaut. Der Kumpel hatte recht gehabt. Er ging hinter dem Fremden her, den er auch nachts erkannt hätte an seiner Blütenweiße. Sternförmig vom Zocalo aus, der noch leer war, liefen lange, recht öde Straßen mit niedrigen Häuserreihen. Sie endeten wohl im Ackerland. Die letzten Häuser waren vielleicht gewöhnliche Bauernhäuser.

Doch kurz nach dem Zocalo drehte sich plötzlich der Fremde um und fragte: „Was willst du denn? Warum gehst du mir nach?“ Benito sagte bescheiden: „Ein wenig Wasser, wenn es nicht stört.“

In diesem Augenblick wurde die Haustür, vor der sie stehengeblieben waren, von innen geöffnet. Es gab eine Begrüßung. Benito trat einen Schritt zurück. Jetzt sah er, daß die Tür ein Geschäft verschloß. Und aus dem Geschäft kam ein sonderbarer Geruch. Es war ein ganzes Gemisch von Gerüchen. Die Frau, die vielleicht die Mutter war, befahl einer Magd oder Schwiegertochter: „Mach auf!“ –

Benito ging auf die andere Straßenseite. Er stellte jetzt fest, daß das Geschäft eine Art Drogerie war. Er überquerte wieder die Straße. Der Fremde, der hier der Sohn war, sagte: „Ach, du bist immer noch da.“ Er fügte hinzu: „Gib ihm Wasser, in Gottes Namen.“

Benito, wartend, erkannte in diesem Geschäft verschiedene Heilmittel für Menschen und Tiere und auch Insektenpulver und Gläser voll getrockneten Kräutern.

Er verbeugte sich höflich vor dem Alten, dem Vater, und er folgte der Frau, seiner Ehefrau, in den Innenhof. Er hatte bereits gemerkt, ein Brunnen rieselte dort. Auch gab es, vom Vordach geschützt, allerlei Waren, Kisten und Säcke.

Er sagte bescheiden und schlau: „Don Marcel“ – mit diesem Namen hatte die alte Frau den alten Mann angeredet –, „ich muß sofort in die Stadt, und ich wäre Ihnen von Herzen verbunden, wenn ich hier eine Zeitlang meine Säcke abstellen dürfte." – „Was ist denn drin?" – „Nichts", sagte Benito, „sehen Sie selbst. Nur leere Büchsen." – „Warum schleppst du denn leere Büchsen mit dir herum?" – Benito sagte langsam, fast feierlich: „Weil ich zu meinem Verwandten fahre, in die Nähe von San Cristóbal. Der wird sie mir füllen."

„Womit denn?" fragte der Alte gespannt. Er war so weiß und so rein wie sein Sohn gekleidet. Sein Gesicht war nicht braun, sondern gelb. Sein Blick war verschlagen. Benito sagte ausweichend: „Das kommt darauf an. Mit dem, was er fertig hat." – „Hat er selbst eine Maschine?" – „Ja, eine Art Maschine." – Da dieser Fremde kein bißchen mit der Sprache herausrücken wollte, fragte der Alte grob: „Sag mal? Und du?" – Benito erwiderte, weil diese Frage für sein Gefühl keine Lüge als Antwort vertrug: „Ich bin Töpfer."

„Sieh mal an", sagte Don Marcel, er hatte bereits die Säcke betastet. „Dann schleppst du wohl Büchsen für allerlei Farben. Die kannst du bei mir auch kriegen." Der Sohn raunte ihm etwas zu. „Ach, ach, du willst noch in unserer Stadt dein Fahrgeld verdienen. Ich kann dir die leeren Büchsen abkaufen. Dann fahr heim."

„Nein, nein!" rief Benito erschrocken. „Ich hab ja nötig, gewaltig nötig, was er macht, mein Vetter in San Cristóbal!" Der Alte schob seine Lippe vor. „Such dir Arbeit, von mir aus. Stell deine Säcke hier unter. Nur, warum willst du so weit ziehen? Wenn du hier bißchen was verdienst – du kannst bei mir alles kaufen. Alle Farben, die es gibt. Guck mal meine Farben an. Such dir welche aus."

Benito sagte: „Ich such nur eine einzige Farbe." Er wußte selbst nicht, warum ihm plötzlich im Innern ganz kalt war. An diesem Don Marcel war nichts zum Fürchten. Er war ein Händler, verschlagen, was war schon dran? Die Augenpaare von Vater und Sohn blieben auf ihn gerichtet. Und wenn ich, dachte Benito, das Blau, das ich suche, hier finde?

Er faßte sich. Er sagte ruhig: „Zeigen Sie mir, Don Marcel, Ihre Farbproben.“ – „Sind Sie auf etwas Bestimmtes aus?“ – „Nun ja, besonders auf Blau.“ Der Jüngere rief: „He, Josefina, bist du, während ich weg war, taub geworden? Geh mit ihm.“ – Benito folgte der jungen Frau ins Lager, das halb im Freien, halb unter dem Vordach war. Der Alte kam hinterher. „Oh, wir haben alle möglichen Blau. Sie finden hier helles und dunkles und Nachtblau, das wird auch lila genannt.“

Die junge Frau, sie war steif, sie brachte keinen Laut hervor, sie machte einen verschüchterten Eindruck, legte ein Brett zwischen zwei Kisten. Benito starrte die Farbproben an. Das helle war viel zu hell. Das dunkle war viel zu dunkel. Das Nachtblau war lila und keineswegs blau. Aus einem Grund, den er selbst nicht begriff, war Benito erleichtert. Er hatte noch Schweres vor sich. Den Rest der Reise. Gott weiß, was ihm blühte bei Rubén, und dann der Rückweg. Doch alles war ihm lieber, viel lieber, als könnte dieser verdammte Don Marcel sein Blau entweihen.

„Ich danke Ihnen“, sagte er leise. „Es ist nicht genau, was ich brauche. Bitte, erlauben Sie mir, die Säcke trotzdem hier hinzulegen.“

„Keine Ewigkeit“, sagte der Sohn. „Wenn du verdienst, zahl die Gebühr.“

„Ja, gewiß“, sagte Benito. Er ging bekümmert und hungrig fort. Don Marcel rief hinter ihm her: „Zwei Centavos den Tag, drei Centavos die Nacht.“ –

Doch als er angelangt war beim Dammbau, hatte er Glück. Der Aufseher kam gleichzeitig an; er nickte, als Benito nach Arbeit fragte und Grüße bestellte von Abramo. Benito bekam eine Schaufel. Man zeigte ihm, wo er aufschütten mußte.

Mittags war er äußerst erschöpft. Er ließ sich nichts anmerken. Er fragte nur vorsichtig einen der Kumpel, ob er ihm auf seinen Lohn zwei Peso leihe. Der sagte sorglos: „Quatsch, halt mit.“ Sie fütterten ihn. Sie sagten zu dem Capataz, als sei er ein gewöhnlicher Kumpel, und er aß auch mit ihnen: „Gib dem mal vom Lohn 'nen Vorschuß." – „Wieviel brauchst du denn, Mensch? Verstehst du, wir stellen hier niemand auf kürzere Zeit ein als einen Monat."

Benito erzählte von der Lagergebühr, die er diesem Don Marcel entrichten müsse. Nachträglich stellte er fest, zu seinem Schrecken, daß sich daraus ergab, wie schnell er den Ort zu verlassen gedachte. „Du scheinst also hier nicht seßhaft zu werden?" sagte der Capataz. Er verbiß ein Lachen in seinem Schnurrbart. Benito sagte beklommen: „Die Mutter Gottes soll mir verzeihen."

Der Capataz sagte trocken: „Zweifelsohne." Obwohl Benito selbst nicht recht wußte, ob er an Gott glaubte, auf die Mutter Gottes ließ er nichts kommen.

Zwei starke Kumpels gingen abends mit ihm zu Don Marcel. Bei ihrem Anblick schraubte der seine Forderung gleich zurück. Er zwickte Benito schließlich nur einen Centavo für die Nacht und einen halben für den Tag ab. –

Sie schliefen alle zusammen in einem Schuppen, der mit dem Bahndamm aus der Stadt herausrückte. Ihr Leben war lustig. Der Aufseher war vernünftig. Bisher hatte Benito das Arbeiterleben gering geschätzt. Er kannte nur das Handwerkerleben. Bald war er ans Neue gewöhnt. Nur einmal, nachts, durchfuhr es ihn mit Entsetzen, wieviel Zeit er hier beim Dammbau verbrachte. Er galt gewiß daheim schon als verloren. Nicht nur als Ehemann und als Vater, auch die Töpfer hatten einen der Ihren verloren. Sogar Leopoldo, der ihn einmal zu Unrecht beschuldigt hatte, fühlte jetzt wohl, sein Mittöpfer war verschwunden. War er dem Blau untreu geworden in der letzten bequemen Zeit am Damm? Er zahlte regelmäßig dem Don Marcel die Lagergebühr, und wenn er auch schon Geld für die Reise weggelegt hatte, er sparte doch nicht jeden Centavo. Zu sehr verlockten ihn in der Stadt die Pulquerias und die Lustigkeit seiner Kumpels. In diesem Teil des Landes war man im ganzen viel heiterer als daheim oder gar in den Bergwerkhalden. Er wußte auch nicht, wen er hier bitten könnte, eine Karte an seinen Jungen zu schreiben, ohne sich verdächtig zu machen. Er hatte plötzlich das Gefühl, die Bahndammkumpels, besonders ihr Capataz, betrachteten ihn vollkommen als einen der Ihren. Es wurde ihm kalt. Sein Gewissen stöhnte.

Er stand nachts auf, frühmorgens zahlte er bei Don Marcel die Gebühr, und er nahm seine Säcke auf die Schultern. Er glaubte, er schulde dem Aufseher noch drei Wochentage, obwohl in Wirklichkeit der Aufseher ihm drei Tage hätte zahlen müssen, die er schon hinter sich hatte. Er hatte auch Angst, man könnte ihn fragen: Was hast du eigentlich vor? Er ging nicht an die Station. Er trat die Landstraße hinter sich. Und endlich, nach vielem vergeblichen Winken, gelang ihm ein verzweifelter Sprung auf einen Camion. Der Fahrer sah ihn nur gleichmütig an, er fragte ihn erst, als sie am nächsten Ort auf dem Zocalo hielten: „Wo willst du denn hin?"

Benito sagte: „Nach der Stadt San Cristóbal."

„Dann geh an die Autobushaltestelle da drüben", sagte der Fahrer. „Ich muß jetzt hier herumfahren. Du fährst bis San Sebastián. Dort frag dich weiter." Er war nicht unfreundlich, dieser Fahrer. Er war kurz angebunden.

In San Sebastián schüttelte der Camion seine sämtlichen Passagiere aus. Ein Teil zerstreute sich, ein Teil ging gleich in die nächste Wirtschaft. Benito war hungrig und durstig. Er war auch verwöhnt durch die regelmäßigen Mahlzeiten am Eisenbahndamm. Er wagte aber nicht, in die Wirtschaft zu gehen, weil er nicht wußte, was die Fahrt noch kosten mochte. Er fragte einen Jungen, der Truthähne vor sich her zum Markt trieb, ob ein Camion nach San Cristóbal fahre und wie lange man brauche. Der Junge unterbrach seine vogelartigen Rufe, mit denen er den Schwarm antrieb: „Du bist ja in San Cristóbal. Hier ist bloß ein Vorort."

Benito war stark erregt. Und wie vor seinen Augen die Zeichnung entstand, die Lorenzo für Concepcion gemacht hatte, war ihm klar, wohin er jetzt mußte. Ans Ufer, flußaufwärts, zur Bachmündung. War er auch schon lange auf Reisen, die

Regenzeit war doch noch nicht arg lange her, das fiel ihm plötzlich ein, und damit fiel ihm auch ein, daß in so kurzer Zeit noch niemand für tot gehalten wird. Nicht einmal der schlechte Leopoldo hätte ihn einfach aufgegeben. Es war ein bitteres Warten, gewiß, für seine Frau und für seine Söhne, aber jetzt war er nur Stunden von seinem Blau entfernt, die Heimkehr war sicher.

Der Bach, der ihn führen würde, war gewiß, weil die Regenzeit noch gar nicht so lange vergangen war, ein kräftiger, leicht erkennbarer Bach. Er hörte ihn geradezu sprudeln, ja aufschäumen an der Stelle, an der er in den Fluß La Pura sprang.

Er war mit kräftigem Schritt, so daß es in seinen Säcken klapperte, durch die Vorstadt gezogen. Er ging froh erstaunt um einen frischen, mit Bäumen und Beeten geschmückten Platz. Die Stadt war vielleicht nicht so groß wie Mexiko, sie war aber eine prächtige Stadt. Es wimmelte in den Straßen. Manche Menschen waren ihm ähnlich an Kleidung und Aussehen, Handwerker, Bauersleute vom nahen Ackerland, zahlreiche Arbeiter, auch Leute, die ähnlich gekleidet waren wie Don Marcel und sein Vater. Hier gab es erstaunlich viel Geschäfte. Er sah keine richtige Pulqueria. Nur viele Wirtschaften. Und hier und dort an den Straßenecken standen, genau wie in Mexiko, Buden mit gelben und grünen Brausen und Öfen, um Fleisch zu rösten und Tortillas zu füllen. Er fühlte sich reich, weil er noch den Rest Fahrgeld besaß, und er aß sich satt, und er kaufte sich gefüllte Tortillas.

Dann ging er nachdenklich weiter. Er hatte plötzlich Durst. Er wollte sich aber in keine Wirtschaft setzen. Denn sein Entschluß stand fest, nichts mehr auszugeben, und vielleicht war er doch nicht stark genug, und er wäre dort hängengeblieben.

Er fragte einen städtischen, wie Don Marcel weißgekleideten Mann nach einem Brunnen. Der deutete auf ein mächtiges Haus, vielleicht war es das Rathaus, mit einem offenen Tor. Hinter dem Tor lag der Patio mit einem Rundgang. Benito wäre gern durch diesen Rundgang gelaufen. Er sah aber gleich in der Mitte den Brunnen mit einem aus Fliesen gelegten Bekken. Er hockte sich hin. Er fuhr zurück. Denn die Fliesen leuchteten in dem Blau, das er suchte. Von dem Eusebia erzählt hatte und die alte Alvarez eine Spur zusammengekratzt. Anstatt Wasser zu schöpfen, strich er mit der Hand über die blauen Fliesen. Sie waren anders gebrannt und anders glasiert als daheim seine Teller und Töpfe, er konnte aber begreifen, wie sie hergestellt waren, er konnte sich richtig hineindenken. Er vergaß zu trinken. Er dachte: Das hier kommt sicher von Rubén. Er machte sich auf mit schwerem Atem. Er drehte sich noch mal um. Er hockte sich noch mal hin. Dann stürzte er weg. Mit Träumen, mit Ausdenken war es vorbei. Er durfte keine Minute mehr verlieren.

Er war gefaßt auf einen herrlichen Fluß. Die Luft zwischen den Häusern hatte so hell und klar geschimmert. In Wirklichkeit war der Fluß La Pura nicht wasserreich. Er war von Sandbänken durchsetzt. Man konnte leicht ans andere Ufer waten. Es gab nur eine einzige Brücke, die Eisenbahnbrücke, die die Stadt mit dem gegenüberliegenden Ufer verband. Das Hügelland erinnerte ihn an daheim. Er war solche Hügel mit seiner Frau und seinen Kindern und seinem geschirrbeladenen Maultier hinuntergestiegen zum Markt. Die Abhänge waren aber oft eingerissen, wie abgebröckelt; er erspähte Halden und Schienen und Rauchfahnen und eine große Betriebsamkeit.

Er dachte: Dort ist das Bergwerk. Ich muß mich an diese Seite halten, so hat es Lorenzo aufgezeichnet. Der geht mit seiner Last über die Brücke, sicher.

Es gab auf der Uferstraße viele Passanten, wie Benito mit Säcken, und es gab Lastwagen, auch Maultiertreiber. Als Benito nachdenklich vorandrang – das Straßenvolk wurde spärlich, und auch das gegenüberliegende Ufer sah schließlich menschenleer aus –, hörte er in seinem Rücken ein scharfes Trappen. Der Schwarm Reiter streifte ihn wie ein Luftzug. Es gab vielleicht eine große Ortschaft ein paar Stunden flußaufwärts. Die suchten sie auf, gut gekleidet, mit prächtigen Gürteln, und auch ihr Sattelzeug war vortrefflich. Nach kurzer Pause kamen zwei Reiter nachgesprengt. Jetzt sah Benito ihre Pistolen. Er dachte: Sind lauter Soldaten. Er war hier vorzeitig müde. Der Tag kam sehr heiß auf. Er setzte sich in den Schatten, und er zog seine Sandalen aus, um leichter zu gehen. Die Straße war hier nicht mehr gepflastert, nur ausgestampft. Er war auch müde, weil er andauernd achtgab, um die Bachmündung nicht zu versäumen. Er hatte sich den Bach schäumend vorgestellt. Es mußte aber wohl, endlich, da er etwas Ähnliches noch nicht bemerkt hatte, nur versandetes Rinnsal sein, einzelne Wurzeln krochen heraus. Hier fing die Gegend an waldig zu werden.

Immerhin, sagte er sich, ich bin in der Nähe der Stadt. Ich gehe hier nicht verloren. Er freute sich über die Bäume und auch über das Wasser, das hie und da kräftig war, wirklich ein Bach. Er schob eine Rast ein, aß eine Tortilla, und er trank, soviel er Lust hatte. Er dachte: Ich kann mich gar nicht verirrt haben. Das, was ich sah an dem Brunnen im Patio, das war mit Sicherheit Rubéns Blau. Ich muß drauf los.

Er stieg hoch in dem Bachbett. Manchmal steckte er bis zu den Knöcheln im Wasser. Plötzlich, aus einer Lichtung, hörte er einen zornigen Ruf. Und er hörte ein Stampfen und Schnauben, das ihm vertraut war.

Ein Mensch kam ziemlich schnell bergab auf seinem Maultier, und er zerrte ein zweites mit sich, das schwer bepackt war. Der Mensch, sein Gesicht war hart und frech, stutzte kaum bei Benitos Anblick. Er setzte seinen Weg fort. „Guten Tag!“ rief Benito. Der Fremde sagte auch „Guten Tag“, ohne den Kopf zu wenden. Darum war Benito genötigt umzukehren, denn er wollte sich versichern: „Geht es hier zu Rubéns Mühle?“

„Was hast du mit Rubén vor?“

„Ich? Nichts. Grüße bestellen von unserer Tante. Ich bin sein Vetter.“ –

„Nun dann bestell sie“, sagte der andere. Benito, immer

noch abwärtsgehend, da der Fremde nicht hielt, fragte: „Bist du Lorenzo?“

Der andere bestätigte: „Wenn es dich nicht stört. Lorenzo.“ Dann fragte er doch noch: „Wieso weißt du das?“ –

Von deiner Novia, hatte Benito antworten wollen. Doch das Gehaben des jungen Menschen, der schön von Ansehen war, aber ausnehmend kalt und selbstbewußt, hielt ihn davon zurück. Er sagte nur: „Ich war bei Rubéns Eltern.“ Er hatte gedankenlos einen Riemen verschoben, der den Rücken des Mulo wetzte. „Laß die Finger davon“, sagte Lorenzo. „Auf Wiedersehen, Freundchen. Ich muß mich nämlich sehr eilen.“

Obwohl ihm Lorenzo mißfallen hatte – doch war es wirklich Mißfallen? Vom Standpunkt der Novia, gewiß, der würde er schwerlich treu sein –, war Benito jetzt glücklich. Er hatte schon fast vergessen gehabt, wie einem zumute ist in sicherem Glück. Es gab keine wolkige Hoffnung mehr. Es gab keinen Traum mehr. Nach etwas Wirklichem schmeckte die Luft.

Sie schmeckte auch nach einem Rauch, den er nicht kannte. Der Abhang war steil geworden. Benito kam verschwitzt auf einem Vorsprung an. Von hier aus sah er auf dem höheren, breiten und flachen Vorsprung ein Feuer brennen.

Es war schon Nachmittag. Ihn führten die doppelten Maultierspuren. Was er für massig gehalten hatte, war zerrissen von scharfen Klüften, die dreimal hinauf und herunter befahlen, bis zur Erschöpfung. Rubén, dachte Benito, hat sich wahrhaftig in einer für Menschenseelen unzugänglichen Wildnis verkrochen.

Über ihm hing der letzte, der höchste Bergvorsprung. Er sah einen Rauchqualm sehr deutlich unter dem reinen Himmel. Erst als er abermals höher stieg, sah er ein kleines Feuer. Beim Klettern war es wieder verdeckt.

Der Bach verrieselte im Wald. Benito setzte sich nieder und trank und wusch sich Gesicht und Füße. Dabei sah er hinauf nach der Feuerstelle, die inzwischen, so kam es ihm vor, erloschen war, nur der Rauch hing noch in der Luft. Er beschloß, jetzt in einem einzigen Aufstieg sein Ziel zu erreichen. Er erkannte schon etwas wie eine Hütte. Darin lebte wohl Rubén mit seinem Gehilfen Lorenzo. Bevor er die Mühle, oder was es sonst war, genau erkannte, vernahm er ein Klopfen, so dünn, es zerbrach an der Stille. Es war mit dem dauernden, wuchtigen, atemberaubenden, gleichsam drohenden Pochwerk in dem Bergwerkstal bei den Alvarez' nicht zu vergleichen. Nur, weil er andauernd horchte, stellte er fest, woher das Pochen kam.

Im Näherkommen erblickte er eine Schleuse, die diese zwei Vettern, Lorenzo und Rubén, wohl eingesetzt hatten, um das kostbare Wasser zu stauen und ihr Gestein durchzuspülen.

Jetzt sah er die Farbmühle. Er seufzte froh, als hätte er selbst all die Müh vollbracht. Und noch ein Stück näher sah er die Hämmer am Pochwerk.

Er war fast angelangt, da erkannte er den einzelnen Mann, der flugs, kaum mit den Augen festzustellen, bald da, bald dort auftauchte, gleichwohl am Hinken. Rubén trug, ohne sich davon behindern zu lassen, etwas vom niedergebrannten Herd zum Bach.

All diese Arbeiten, an der Mühle, am Pochwerk, am Herd, die verschiedne Menschen verlangten – diesem Rubén allein gelang alles so rasch hintereinander, daß man beim Zusehn glauben konnte, er mache alles zugleich. Benito verstand nicht, was Rubén zuerst vollbrachte und was in der Mitte und was zuletzt. Es drehte sich ihm im Kopf beim Zusehn, es machte ihn wild.

Nur in Rubéns Rücken, nach dem Fluß zu, war Wald. Nach dem Land zu fiel der Berg kahl und rissig ab. Und hinter der Stadt erhoben sich wieder kahle und rissige Berge. Hier glühten auf dem Abhang zwei Pfefferbäume. Die mußten bald mit der Sonne erlöschen.

Und wie es hier oben einsam war. Da war es besser in all dem Geröll mit Rubéns Eltern, den alten Alvarez'. Noch hundert Schritte zu meinem Blau, dachte Benito. Auf einmal, da es zum Greifen nah war, kam es ihm unglaublich vor.

Jetzt stand Rubén still. Er hatte noch nichts von Benitos Ankunft gemerkt. Er bewegte ein großes Sieb hin und her. Was am Feinsten war, fiel vor ihm in einen Bottich.

„Guten Tag, Rubén", sagte Benito. Rubén erschrak. Weil er aber von Kindheit an gewohnt war, alle Gefühle zu verstecken, drehte er sich nicht einmal um. Er stellte nicht einmal sein Sieb ab.

Dann drehte er langsam den Kopf. „Wer bist du denn?" –

„Ich komme aus San Mateo. Ich bringe dir Grüße von deinen Eltern." – „Wie hast du den Weg gefunden?" – „Ach Rubén. Deine Eltern haben ihn mir ein wenig erklärt. Die Stadt. Den Fluß. Man muß einen Bach hinauf. Das hat ein Mädchen gewußt. Lorenzos Novia. Unterwegs traf ich Lorenzo mit euren Mulos. Es war nicht einfach, dich zu finden. Doch ich hab es derartig deinen Eltern versprochen, dir diese Grüße zu bringen."

Rubén stellte das Sieb ab. Er hatte die Arme frei. Er hatte ganz seinen Schreck bezwungen.

Benito bat: „Gib mir was Warmes." Rubén wärmte ihm Kaffee auf. Unter dem Vordach auf dem kleinen eisernen Ofen. Sie setzten sich auf den Boden einander gegenüber. Benito packte seine letzte Tortilla aus. Auf einmal rief er: „Mein Gott, ich hab ja noch Pulque im Sack!" Er war es jetzt, der sich freigebig zeigte. Rubén, das merkte er, hätte ihn niemals eingeladen. Wo steckte denn bloß sein Blau? Er sah nur bräunlich graue Gesteinsbrocken, Kies und Sand. Im Bottich feingemahlenes Zeug. Sonst nichts. Wahrscheinlich war hinter der Hütte ein gutes Gestell zum Rösten. Dabei wurden die Körner erst blau. So etwas hatte ihm Frau Alvarez erzählt. Er wußte selbst nicht, warum er davon nichts erwähnte. Sie saßen sich schweigend gegenüber und tranken den heißen Kaffee. Er ließ die Pulque bis auf einen Schluck dem Rubén.

„Was hat dich nach San Cristóbal gebracht?" fragte ihn schließlich Rubén. Sie sahen einander genau an mit schmalen Augen. Rubéns Augen schimmerten grün vor Mißtrauen.

Benito erwiderte zuerst einmal vage: „Ich bin in Geschäften hier."

„Was für Geschäfte?" fragte Rubén. Die Pulque hatte ihn etwas erregt. „Ach, sieh mal", wagte Benito jetzt zu erklären, „ich bin aus dem Töpferdorf Santiago Ixcuintla. Es liegt bei Mexiko-Stadt." – „Und?" sagte Rubén. Er ließ Benito keine Sekunde aus den Augen. Und nun, da die Nacht fiel, gab es zwischen Himmel und Erde in diesem Bergland kein Licht als das grünlich goldene aus Rubéns Augen.

Benito fing harmlos an: „Ich habe ja nicht geahnt, als ich deinen Eltern den Gruß versprach, daß ich wer weiß wie hoch klettern muß."

Rubén erwiderte kurz: „Ich bin gern allein."

Benito knabberte langsam seine Tortilla auf. Er empfand, daß irgend etwas nicht stimmte. Warum war Rubén so sehr auf der Lauer? Wie der Teufel auf eine arme Seele.

Benito sprach weiter in leichtem Ton: „Da unten in San Cristóbal ging ich in einen Hof. Da stand ein Brunnen. Sein Becken war ausgelegt mit Fliesen. Da sah ich dein wunderherrliches Blau."

In einer Sekunde war Rubéns Gesicht von Haß entstellt. Er flüsterte, als gäbe es soundso viel Lauscher auf dem Berg: „Das hättest du gleich sagen können. Ich werde dir Beine machen, wenn du deshalb herauf bist."

Benito dachte: Der wär imstand, mich umzulegen. Ich kann nicht mal begreifen, warum. Wir müssen uns einig sein, bevor Lorenzo zurückkommt.

Benito fuhr fort: „Als ich dieses Blau erblickte, da wußte ich, das kann nur von Rubén stammen. Ich bin ja so lange unterwegs mit soviel Müh und Not, nur um es zu finden."

„Ich will dir gleich sagen", sagte Rubén gezwungen ruhig, „hier wirst du's nicht finden. Wir machen hier mit der Farbmühle vollständig andere Sachen. Was wir diesem Händler verkauften, der die Fliesen anfertigt, wird gar nicht mehr hier oben gemacht. Es lohnt sich nicht." – „Doch", sagte Benito zornig, „ihr macht es. Es lohnt sich. Du bist der einzige, der heraus hat, wie man es macht."

„Wer hat dir denn so was vorgequatscht?" – „Deine Mutter", sagte Benito. – „Ein altes, geschwätziges Weib." – „Sie hat sogar noch ein bißchen von diesem Staub gefunden, den ihr herausgequetscht habt mit der Handmühle."

Rubén erwiderte zunächst nichts. Er war starr vor Wut. Benito dachte: Warum ist er so gemein, so verlogen, dieser Rubén?

Er fragte laut: „Warum willst du mir nichts abgeben? Warum streitest du ab, daß du's machen kannst? Sei froh! Nur du bringst so etwas fertig! Du, Rubén, allein!"

Rubén sagte, vielleicht eine Spur berührt in seinem Stolz: „Ich mache ihn nicht fertig, diesen Blaufarbstoff, ich allein, damit sie mir unten in der Stadt und in anderen Städten meine Erfindung klauen."

Auf einmal verstand Benito, was Rubén erweichen könnte.

„Es war auch gar nicht deine Mutter, du darfst sie nicht schelten, die Arme, die mich auf den Weg zu dir brachte. Zu allererst hat mir von deiner Kunst die Tante Eusebia erzählt. Sie kommt manchmal in unser Dorf. Da hab ich mein Leid geklagt. Daß es nämlich in Mexiko-Stadt kein Blau mehr gibt, wie ich's brauche. Da hat mir Eusebia erzählt, daß du welches herstellst. Genau wie ich's brauche. Sie ist nämlich auch meine Tante. Sie ist die Schwester von unseren Vätern, denn wir sind Vettern, du und ich. Wir sind beinahe Brüder."

Rubén hatte zuletzt die Augen gesenkt, denn er konnte nicht leiden, wenn man ihm Gefühle ansah. Mit dem Mißtrauen war auch das Grün aus seinen Augen verschwunden. Sie waren wieder goldgelb, als er sie auf Benito richtete: „Warum hast du mir nicht gleich gesagt, daß dich Eusebia geschickt hat?"

„Nun, jetzt weißt du's, lieber Rubén. Ich brauch ja nur ein bißchen Farbstoff für mein Geschirr. Denn all meine Kunden wollen das blaue Muster, das ich ihnen plötzlich nicht mehr verschaffen konnte. Dein Rezept will ich gar nicht wissen. Ich bin auch gar nicht so klug wie du, daß ich damit was anfangen könnte. Und jemand verraten, wo ich mein Blau kriege – da würde ich mich nur ins eigne Fleisch schneiden."

„So ist's wahrhaftig", sagte Rubén. Er seufzte. Er dachte auch an Eusebia, den einzigen Menschen, vor dem er große Achtung empfand. Solange es Eusebia gab in seiner Familie, war er nicht ganz verloren. Denn seit seiner Kindheit, wenn nicht Eusebia für ihn eintrat, kam er sich wie verloren vor mit all seiner Klugheit und Lahmheit. Ja, Lorenzo, der redete ihm nach der Zunge. Brüderlich war der auch nicht. Der machte gern seine eignen Tänze, wenn er für Rubén weg war.

Seit kurzem lag ihm Lorenzo in den Ohren, sie könnten ihr Geschäft nicht ewig allein betreiben. Er wisse da einen, der würde mit seinem Sohn zu ihnen heraufziehen, wenn Rubén ja sagte, nämlich, die Tochter dieses Menschen aus San Cristóbal sei fast seine Novia, und dann, die Familie, das sei eine gute Bürgschaft.

Ob er nicht eine feste Novia besäße, Concepcion, in San Mateo? Lorenzo lachte. „Wir brauchen eine, die eine gute, geschäftsbewanderte, verschwiegene Familie hat. Und jetzt, meine neue, die bringt ihren Vater und ihren Bruder. Ich bin fast immer unterwegs. Bis ich mit den Maultieren bei unseren Kunden angelangt bin und wieder zurück, machst du die Arbeit allein. Ist es da nicht viel besser, auch für dich, du hättest den Vater und ihren Bruder, sieh mal?" –

„Ich frag mich, ob es wirklich besser ist", sagte Rubén, nachdem er alles Benito erzählt hatte. „Nun ja, ich bin manchmal recht kaputt." – Er sagte scheu: „Mit dem kranken Bein. Ich muß von einer Stelle zur anderen. Er treibt's gewiß mit der Novia, während ich hier allein schufte", sagte Rubén leise und bitter. Es wurde Benito klar, ein Leben ohne Geliebte war hart für den jungen Burschen, der so viel von seiner Kunst verstand.

„Du hast's wohl vom Ufer gesehen, das Silberbergwerk, das sich hier aufgetan hat, so groß ist es nicht wie daheim, aber

Lorenzo hat schnell entdeckt, man findet auch hier auf der Halde von dem Gestein, das wir brauchen. Nun also, manchmal bringt er gleich Kiesel, die wir nur klopfen und mahlen und sieben müssen und mit dem Sand mischen, der hier am Bach vortrefflich ist, da wird es beim Rösten so blau, so blau, wie das Kleid der Jungfrau. Ich werde dir alles zeigen, da du beinah mein Bruder bist. Ja, wenn du nur hier bleiben würdest, aber du sagst, du müßtest zurück in dein Töpferdorf. Du bist halt mal ein Töpfer. Sieh, das letztemal brachte mir dieser Lorenzo ganz dicke Brocken. In diesen Brocken findet man wohl den Stoff, den wir brauchen, aber erstens werden die Maultiere wundgescheuert, was zu schwer ist, das ist zu schwer für Mensch und Tier, und zweitens muß ich allein die Brocken auf dem Herd zersprengen. Bis ich das Zeugs finde, das ich brauche. Ich will dir nachher alles zeigen. Iß erst mal richtig. Ich bring dir was Gutes."

Wenn die Sonne aufgehe, sagte Rubén mit seiner trocken erregten Stimme, beginne das Ausprobieren und Rösten. Es sei ihm zuwider, wenn er nicht Zeit vor sich hätte, um sein Blau zu mischen. – Benito nickte. Rubén fuhr fort, obwohl er jetzt fast ohne Probieren sicher sei, den Farbton zu erzeugen, den er sich wünsche, für ihn sei bei dieser Arbeit jedesmal eine Spannung. Sie würden sich darum früh schlafen legen.

Er brachte Lorenzos Matte, die tagsüber eingerollt in der Ecke stand, obwohl sie hier oben nie Besucher erwarteten. Doch nicht nur die Matten waren reinlich, beinah wie neu, so daß Benito erstaunt an das verbrauchte, zerfranste Zeug dachte, das die alten Alvarez' benutzten. Der ganze Raum war überaus reinlich. Rubén war bei seiner Arbeit streng darauf aus, jede Unsauberkeit zu vermeiden. Das gefiel Benito, das war ihm vertraut.

Am nächsten Morgen zeigte ihm Rubén, welches Gestein er klopfen müsse und fein mahlen und welche Art Sand zusetzen. Alles zeigte er arglos, als hätte er völlig die Wut bei Benitos Erscheinen vergessen. Benito sah schweigend zu, im Innern heftig erregt, wie aus der richtigen Mischung beim Rösten das richtige Blau entstand. Soviel. Soviel. Genug, dachte Benito, bis an mein Lebensende. Er half Rubén etliche Büchsen füllen, die dreimal größer als seine eignen waren. Manche von Rubéns Büchsen blieben zunächst leer, denn Rubén setzte dem Farbstoff verschiedenartige Schmieren zu, die seien, erklärte er, für verschiedene Berufe. Sie seien alle längst bestellt. Lorenzo hätte die erste Lieferung in die Stadt gebracht.

Da immer noch Brocken um den Herd herumlagen, wurde das Feuer angezündet. Rubén ging seiner Arbeit nach, während Benito die Steinbrocken bewachte, er lernte, sie zu zerteilen, als sie mürbe waren. Das mußte er wohl tun als Bruder und als Gastfreund. Ihm wäre es lieber gewesen, er hätte gleich seine eignen Dosen gefüllt, um heimzuziehen. Er hatte kein Fahrgeld mehr übrig. Er würde die Reise bald unterbrechen, um etwas dazu zu verdienen. Vielleicht in der Stadt Santiago. Bis dorthin war wohl der Damm gediehen. Er würde, wenn nicht die alten Kumpel, den lustigen Capataz vorfinden. Er sagte aber noch nichts. Es ging nicht an, das hatte er schon gespürt, so glatt heraus den Rubén um Blau zu bitten.

Beim Essen fragte Rubén, was denn Benito in seinem Sack mitschleppe. Nun gestand ihm Benito, das seien die Büchsen, die er sich aufbewahre in seiner eignen Werkstatt. Er müsse sie sonst neu kaufen am Mercado bei Don Victor. Und er erzählte lebhaft, wie alles damit begonnen hatte, daß dieser Don Victor ihm immerzu seine Farbe versprach und sein Versprechen nicht hielt, so daß die Kunden zürnten. „Dann brachte mich die Tante Eusebia auf deine Spur."

Rubén hatte ihm aufmerksam zugehört. Doch schien es Benito, Rubéns Gesicht sei wieder finsterer geworden. Benito half ihm unermüdlich, doch Rubén blieb schweigsam. Er sagte nur einmal an diesem zweiten Tag: „Lorenzo kommt morgen. Er bringt uns, was wir brauchen, von der Halde am anderen Ufer. Dann ruht er sich aus, und die Maultiere ruhen sich aus. Dann geht er los mit der zweiten Lieferung, die ich ihm vorbereite." Benito verstand auf einmal, daß es gar nicht in Frage kam, einfach die eignen Büchsen zu füllen und wegzugehen.

Er hörte in der nächsten Nacht Lorenzos Mulo-Rufe. Es dauerte noch eine Stunde, bis dieser Mensch angelangt war. Benito hatte Mitleid mit den Mulos. Er lud sie schnell ab. Er dachte, so geht es meinem, wenn es Luísa vermieten muß. Er gab den Mulos zu trinken, die abgeschürften Stellen in ihren Fellen pflegte er, während Lorenzo mit Rubén aß. Lorenzo brauchte etwas Zeit, um sich auszuruhen, bis er zu sprechen begann. Er war nicht besonders erstaunt über Benitos Anwesenheit. Er sagte nur: „Deine Grüße hast du wohl alle bestellt." Dann erzählte er Rubén, die Hochzeit sei festgelegt. Sie müßten sich noch vor der Regenzeit hier etwas dazu bauen, sein Schwager und sein künftiger Schwiegervater. Benito dachte: Was wird jetzt aus Concepcion? Und er dachte sich aus: Vielleicht ziehen dann die alten Alvarez' in die Bude zu Rubén.

Rubén ließ ihm seine Matte, er rückte mit Lorenzo zusammen. Sie raunten einander viele Sachen so leise vom Mund ins Ohr, daß nichts zu Benito drang.

Benito hörte nur manchmal: „Die sind kräftig. Die halten dicht. Rosa macht uns den Haushalt. Die neuen Aufträge, die könnten sonst du und ich nicht fertig machen."

Einmal, nachts, sagte Rubén hart: „Ich will meine Erfindung niemand sagen." Lorenzo erwiderte: „Familie, das ist wie niemand." Dann ging das Getuschel von neuem los. Benito schlief ein.

Am nächsten Morgen fing Lorenzo an: „Mir hat Rubén erzählt, daß du Blaufarbe brauchst für deine Töpferei. Nun gut, du siehst ja, wie wir schuften. Umsonst ist der Tod. Wenn du auch Blaufarbstoff brauchst, mußt du dich dranhalten. Dein Sack steckt voll Dosen. Du mußt dich so stark dranhalten, daß wir ein bißchen was absondern von jeder Bestellung. Verstehst du mich? Da geht Zeit drauf."

Rubén, der schweigend zugehört hatte, machte eine Bewegung. Lorenzo durchschnitt die Bewegung mit lockerer Hand. Dann fuhr er schroff fort: „Er ist dein Vetter? Gut. Wer macht denn hier die Geschäfte? Wer hat die Halde ausfindig gemacht? Du würdest mit deiner Erfindung schön auf dem trockenen sitzen."

Rubén murmelte etwas. Er sah gequält aus. Schließlich sagte Benito: „Ja, aber die Meinen daheim? Ich muß ihnen Nachricht zukommen lassen. Wie kann ich das hier auf dem Berg?"

Lorenzo lachte. „Ich schreibe für dich einen Brief, den werfe ich ein bei der nächsten Talfahrt. Ich schreibe, daß du solange hierbleibst, bist du genug Blau hast. Frag Rubén, ob ich nicht schreiben und rechnen kann!"

Rubén sagte: „Nun ja, das kann er."

Da wußte Benito nichts mehr zu sagen. Er sagte nur: „Du mußt meinem ältesten Sohn schreiben."

Als Lorenzo wieder hinunter war, in Geschäften, und um seine Hochzeit vorzubereiten, war Rubén überaus düster. Es war immer, als läge ein Druck auf ihm. Diesmal erstickte er fast. Er brachte kein Wort hervor.

Auch als Lorenzo zurückkam, zufrieden, weil ihm alles geglückt war, blieb Rubén düster. Er war hinter der Arbeit her in einer Art stummen Zornes.

Lorenzo brach wieder auf, um das fertige Blau zu den Bestellern zu tragen. Benito war fast verzweifelt bei dem Gedanken, daß es an Fremde vergeudet werde in einer fremden Stadt. Er dachte auch manchmal: Vielleicht grämt sich Rubén, weil Lorenzo geschmeidig ist und den Frauen gefällt. Rubén aber ist lahm, hat nichts mit Frauen zu tun. Er ist hinter dem Blau her, man könnte sagen, wie ich. Nein, anders noch. Er ist immer allein.

Doch beide, Rubén und Lorenzo, wie einer zum anderen stehen mochte, achteten scharf darauf, daß Benito die Büchsen nicht rascher füllte, als es ausgemacht war. Doch als sie wieder allein waren, Benito und Rubén, brach es plötzlich aus Rubén heraus: „Ein Glück, Benito, daß du gekommen bist."

„Ja", fragte Benito betroffen. Mehr kam nicht aus ihm heraus. Er war zu überrascht.

„Ja, sicher, ein Glück. Mein Blau ist wie geschaffen für einen wie dich. Ich hab's daheim, als ich noch Capataz war im Bergwerk, Tag und Nacht gesucht, bis ich endlich dazu kam. Gewiß, Lorenzo hat mir geholfen. Hat mich hierher geschleppt. Hat uns Kunden verschafft, so viele, daß wir jetzt allein mit der Arbeit nicht fertig werden. Darum bringt er die fremde Familie an. –

Als mir die Sache gelungen war, Benito, daheim, in den Halden, und ich sah, wie blau mein Blau war, da ist mir vor Freude das Herz gesprungen. Da war ich glücklich.

Dann nicht mehr. Keine Spur mehr.

Nur, wenn ich mir sage, Eusebia hat mir Benito geschickt, weil er braucht, was ich, nur ich machen kann, und es nirgendwo anders fand, dann bin ich noch einmal auf eine Minute glücklich."

Benito schwieg. So viel war plötzlich herausgekommen aus diesem Rubén, beinah zu viel. Als hätte er all die Zeit über seine Gedanken zusammengeschmolzen.

Dann sagte Benito: „Mehr als die Hälfte meiner Büchsen sind voll. Wenn alle voll sind, dann laß mich heim, um Gottes willen."

„Gewiß", sagte Rubén ruhig, „was versprochen ist, ist versprochen."

„Sie werden ja dann daheim auf dem Markt von dir erfahren", sagte Benito.

„Ja", sagte Rubén.

„Man könnte sagen, von dir wird etwas in ihrem Leben sein."

„Ja", sagte Rubén, „in ihrem Leben wird dann auch etwas von mir sein."

Frau Enzima war seit acht Jahren verheiratet, aber Alfredo Müller sagte noch immer aus Gewohnheit „Fräulein Echevaria". Sie legte jetzt die eingelaufene Post auf Müllers Schreibtisch. Sie wartete, ob er etwas Dringendes sofort diktieren müßte.

Frau Enzima, geborene Echevaria, hatte noch keine Kinder. Vom ersten Tag ihrer Arbeit in Müllers Büro bis zum heutigen Tag war nie ein Fleckchen an ihrem Kleid gewesen, keine lockere Strähne in ihrem blanken schwarzen Haar, ihre Haut war wie lackiert. Ihr Auftreten war bescheiden, untadlig. Wenn sie nicht Herrn Müller ihren Namenwechsel und ihre neue Adresse gemeldet und der ihr darauf ein Hochzeitsgeschenk geschickt hätte, wäre ihm die Begebenheit verborgen geblieben, die wahrscheinlich tief in ihr Leben eingriff, wenn auch nicht so stark, um irgend etwas an ihrem Äußeren zu ändern.

Jetzt riß Herr Müller zuerst einen Brief aus Campeche auf, vielleicht aus Neugier, vielleicht aus Unbehagen. Er hatte sich dort zu Beginn des Krieges, als die Firma, die er vertrat, verboten wurde, bei Lopez, Leder und Felle, billig ein Lager gemietet.

Lopez schrieb in dem Brief, zu seinem Leidwesen könne er den Mietsvertrag nicht länger aufrechterhalten, seine eigne Firma, die sich vereint hätte mit der seines Schwiegersohns, bräuchte die Räumlichkeiten. Er müsse darum die Kisten aus dem Lagerhaus wegschaffen. Er sei der Meinung, die Kündigung käme sogar Herrn Müller zustatten, denn sowieso bewahre er ja jetzt nur noch Restbestände, so daß Herr Müller sich wirklich überflüssige Kosten erspare.

Alfredo Müller fluchte. Dann sagte er: „Entschuldigen Sie, Fräulein Echevaria, sehen Sie bitte gleich nach, was für Bestände noch bei dem Lopez liegen, und gleich auch, wieviel der Transport beträgt nach –“, er dachte einen Augenblick nach, „– nach Monterry.“

Müller, als er allein saß in seinem winzigen Büro dachte: Das Zeugs ist ziemlich kostbar, bloß, das weiß er nicht, der Lopez. Mir machen diese paar Kisten und Kasten verteufelt viel Mühe. Soll ich einfach Schluß machen? Über die Schweiz nach Höchst meine Kündigung schicken? Ich weiß nicht. Stadler in New York hat mir abgeraten. Und der weiß, was sich tut und was sich tun wird. Außerdem, der alte Chef sitzt sicher nicht mehr in Höchst. Auf keinen Fall vergißt so einer, wer gekündigt hat und wer bei der Stange geblieben ist.

Frau Enzima, ohne Stäubchen und ohne Fleckchen, kam mit dem Brief an Lopez zurück.

„Noch etwas", sagte Herr Müller, „besser schriftlich als mündlich. Schreiben Sie dem Fernandéz, er muß seine Beizen im Lauf dieses Monats übernehmen. Sie seien schon unterwegs. Und wo die waren, stellen wir jetzt die Kisten von Lopez unter."

Mißmutig, weil sie sich unwohl fühlte, erledigte Frau Enzima auch diesen Brief. Sie kam nicht von dem Gedanken weg, daß sie als einzige aus ihrer Klasse ohne Kinder geblieben war. Ihr Mann war darüber sehr ungehalten. Dabei lag die Schuld wahrscheinlich bei ihm.

Jedesmal, wenn ihre Hoffnung enttäuscht war, kamen ihr die Tränen. Sie tupfte sie rasch ab und verteilte um die Augen ein wenig Hautcreme und Puder. Danach sah sie aus wie immer.

Als Rubén erschöpft auf seiner Matte schlief, während Benito mit Lorenzo die Mühle bediente, fing all sein heimliches Sinnen und Trachten an aus Lorenzo herauszusprudeln: „Mir träumt es manchmal von Concha. Du machst dir ein falsches Bild von mir, Benito, das weiß ich. In diese brave und arbeitsame Familie muß ich aber hineinheiraten. Dann kommen wir durch hier oben, dann kommen wir weiter, viel weiter. Wenn wir die Aufträge erfüllen, und Geld fließt uns zu, und wir stehen auf gutem Fuß mit diesem und jenem Capataz, und er läßt uns von den Halden die Restbestände abschleppen, die wir brauchen, ach Benito, dann werden wir eines Tages berühmt für unsren Blaufarbstoff. Rubén und ich, wir bringen so was allein nicht fertig.

Wenn wir aber ein klein wenig gesichert sind durch meines neuen Schwagers Hilfe und die Hilfe meines Schwiegervaters, dann werden wir bald vollständig gesichert sein."

Benito fragte in eine Pause hinein: „Warum willst du unbedingt soviel erreichen mit Rubéns Blau?" –

„Warum! Warum! Das fragst du noch, Benito, der du deinen Hintern wundgescheuert hast auf all den Reisen, weil du etwas hast läuten hören, bei uns sei das Blau, das du suchst?

Ja, wie es Rubén zum erstenmal herausgeröstet hat aus dem wüsten Geröll, großartig war der Moment. Doch wie uns hinterhältiges, neidisches Pack angezeigt hat, und wir mußten unser bißchen Gewinn als Propina dem Capataz lassen, das war nicht großartig.

Sieh mal, Benito. Du kannst freilich nichts von der Halde sehn, wenn du nicht weißt, wo sie ist. Der Wald deckt sie zu. Kommen wird der Moment, und der wird großartig sein, da brauch ich nicht mehr runter mit Mulos und wieder rauf, da wird hier abgeholzt sein, und Rinnen laufen herauf und herunter, und alle Welt weiß, sie laufen zu uns, denn wir sind berühmt." –

„Warum? Warum?" fragte Benito. „Allein wollt ihr sein, niemand soll etwas wissen."

„Doch", sagte Lorenzo, „wenn es einmal soweit ist, muß endlich Rubén seine Alleinseinidee schlucken. Wie hast du uns denn schließlich gefunden, Benito? In San Cristóbal am Brunnenbecken, die blauen Fliesen, die haben dich angeleuchtet. Die haben zu tun mit Rubén, war dein Gedanke. –"

„Wieso weißt du davon was?"

„Hat mir Rubén erzählt." –

Sieh mal an, dachte Benito, daß Rubén sich so was merkt und mit Lorenzo darüber spricht, hätt ich nicht gedacht.

Lorenzo fuhr fort: „Wenn es mal soweit ist, dann wirst du unser Blau nicht nur in einem Brunnen finden, die Baumeister im ganzen Land, die Fliesen brennen, und alle Töpfereien werden sich darum reißen. Es wird schimmern in Vierecken und in Dreiecken und in Blättern und Kreisen, und ich weiß nicht in was. Übersät wird das ganze Land sein, wo immer man Rubéns Blau gebraucht hat. – Ist das nicht was andres, als einsam sich abrackern?"

Benito dachte: Lorenzo ist gar nicht schlecht. Er ist anders als Rubén. Ganz anders. Er ist auf das Blau genauso aus, nur anders.

„Was macht denn ihr zwei hier?" fragte die Tante Eusebia den ältesten Sohn Benitos und das Mulo, das ständig in dieselbe Richtung sah wie der Junge.

Andrés sagte mit einem scheuen Lächeln: „Wir warten auf die Bahn, denn wir hoffen, mein Vater kommt."

Von der Straße aus, die landeinwärts zum Markt von San Mateo führte, hatte Eusebia den Jungen erkannt mit ihren weitsichtigen Augen, die sich außerdem jede Sonderbarkeit an jedem Menschen, ob er alt oder jung war, für immer merkten. Nur Andrés, Benitos ältester Sohn, trug diesen Sarape, nur er hielt sich in verzweifeltem Warten unbewegt gerade, nur er hatte, genau wie sein Vater, bezwingend und führend, die Hand auf dem Maultier.

Sie sagte: „Benito hat also meinen Rat befolgt. Ich habe gemeint, er sei schon längst wieder daheim."

Jetzt wurde Andrés gesprächig: „Ich war schon dreimal am Zug. Denn er schrieb, das heißt, er ließ jemand schreiben, ich aber, ich kann schon alles lesen, ja schreiben und lesen kann ich schon beinahe alles, er käme bestimmt im September. Bestimmt vor dem Fest, dem Grito de Dolores. Er würde bestimmt mit uns feiern. Ich soll das Maultier leer bringen mit allen unseren Tragnetzen. Denn er bringt gewaltig viele Dosen mit. Zuerst hat er geschrieben, wir müssen warten. Er müsse leider noch weit fahren. Dann kam sein zweiter Brief an. Darin stand, er sei jetzt angelangt bei dem Rubén. Er müsse aber solange bleiben, bis keine Dose mehr leer sei. Dann haben wir noch einmal lange gewartet. Dann kam der dritte Brief. Diese

Woche würde er in San Mateo sein. Ich glaube, er steigt aus dem Zug, der jetzt kommt." –

„Nur, leider kann ich nicht bei dir bleiben", sagte Eusebia. „Mich erwartet der Apotheker, und zwei Tanten erwarten mich auf dem Markt. Nachts, auf dem Rückweg, sehe ich bei euch herein, ob dein Vater kam."

„Sicher, er kam", sagte Andrés.

Er sah der Tante Eusebia nicht nach. Er sah die Schienen entlang. Allerlei Leute, die, wie er selbst, jemand erwarteten, stiegen den Damm hinauf. Es gab auch Leute mit Maultieren, die wie Andrés Gepäck erwarteten. Andrés erkannte ein Rauchwölkchen, früher als alle. Sein Herz zog sich zusammen, aber er regte sich nicht. Trotzdem, das Mulo spürte, daß etwas Wichtiges näher kam. Es wurde ein wenig unruhig.

Der Zug hielt auf dem Damm. Männer und Frauen ohne Lasten sprangen lustig heraus. Andrés spähte mit seinem zusammengezogenen Herzen.

Zuerst schob Benito sein Hinterteil aus der Tür, denn er stieg rückwärts aus. Mit großer Vorsicht zog er seine Säcke herunter. Dann sah er sich um, wie sich ein Mann umsieht, der sicher ist, daß man ihn abholt.

„Ich habe alles", sagte Benito zu seinem Sohn.

Mit großer, belohnter Erwartung betrachtete Andrés den Vater, viel zu erregt, um zu lächeln. Das Maultier sah Benito geduldig an, zu jeder Hilfe bereit.

Sie machten sich auch sofort ans Beladen, sorgsam, daß nichts das Maultier unnötig plage. Sie verteilten die Dosen zu beiden Seiten des Rückens. Andrés belud sich selbst mit zwei zusammengeknüpften Netzen. Der Vater belud sich mit den Säcken. Außerdem trug er ein volles Netz auf dem Kopf. Dann traten sie den Heimweg an.

„Wir machen unterwegs eine Rast", sagte Benito, „da können wir essen und trinken."

Andrés strahlte vor Freude. „Seid ihr daheim gesund?" – „Ja, alle, jetzt", sagte Andrés, „wir haben auch noch eine Schwester."

Mein Gott, ist es möglich, dachte Benito, Luísa hat schon daran gedacht, bevor ich fuhr. Und ich, ich war lange weg. Er freute sich, daß es ein Mädchen war.

Sie kamen spät abends daheim an. Einige Nachbarn standen noch einmal auf, um zu erfahren, ob Benito das Blau mitgebracht hatte. So viele Büchsen standen bereits in Reihen, das reichte für lange Zeit. Nach dem Fest besetzte Benito auf dem Mercado seinen Stand. Der Markthüter, ein vernünftiger Mensch, hatte ihn nur auf Zeit vermietet.

Andrés rannte in die Stadt zu Doña Isabel. „Der Vater ist wieder da. Er hat, was Sie brauchen."

„Ich weiß genau, auf wen Verlaß ist", sagte Doña Isabel, „darum hab ich mich auch beholfen."

Bald sagten die Gäste an ihrem Mittagstisch: „Das Herz geht einem auf. Alles schmeckt einem besser."

Fernandéz sah aus seinem Bürofenster den Cadillac vorfahren. Nun war es soweit. Der Deputado Ramirez kam selbst, um den Geschäftsabschluß mit ihm zu besprechen. Obwohl es nur Günstiges gab – die pünktliche, ja vorzeitige Beschaffung der Holzschutzmittel für die Eisenbahnschwellen hatten die Durchführung des Auftrages ermöglicht –, störte Fernandéz etwas an Ramirez' Erscheinen. Es stöberte irgendeine Erinnerung in ihm auf. Welche, das wußte er selbst nicht sofort. Er empfing Ramirez lebhaft, ließ Kognak bringen, Tequila und Whisky.

Er breitete seine Papiere aus. Ramirez fand nichts an den Vorlagen auszusetzen.

„Erinnern Sie sich noch, Freund", sagte Ramirez, und bei diesen Worten fiel es Fernandéz ein, was ihm mißlich erschienen war, „wie ich Sie damals warnte, gewisse Geschäfte mit diesem Herrn Müller abzuschließen? Mir war zu Ohren gekommen, er hätte allerlei beschlagnahmte Waren verschoben."

„Wahrhaftig, ich bin Ihnen dankbar", sagte Fernandéz. „Unser Holzschutzmittel, zum Glück, stammt von einer hiesigen Firma. Übrigens, ob es wohl stimmt, was man jetzt abends am Radio hört?" – „Was soll nicht stimmen?" – „Daß jetzt solche Herren eingesperrt werden, die in Deutschland die bedeutendsten Firmen geleitet haben –".

„Warum soll es nicht stimmen? Es ist doch kein Hörspiel. Es ist die Wiedergabe des Nürnberger Prozesses. –"

Fernandéz dachte nach. Er konnte sich aber nicht entschließen, offen zu sprechen. Schließlich sagte er nur: „Zum Glück verfuhr ich, wie Sie mir damals rieten. Nun ja, die kleinen Posten, die hab ich gleich gekündigt. Alfredo Müller krakeelt sogar immer noch mit mir herum wegen irgendeiner Gebühr, die ich ihm angeblich schulde. Er hat uns aber, das muß man ihm lassen, jetzt wieder gut bedient. Er ist der Diener zweier Herren, eines argentinischen und eines englischen."

Er dachte: Die paar Farbstoffe, die ich angeblich einmal bestellte, die werd ich ihm bezahlen müssen, wenn er mir scharf kommt. Ich nehme aber an, er wird sie auch ohne mich los.

Benito zog heim vom Markt. Sein zweitältester Junge, Gabriél, und sein dritter, Xavier, redeten mit dem Mulo. Zuletzt folgte Luísa. Sie führte ihr kleines Mädchen an der Hand.

Das Maultier trug noch keine Last. Es sollte sich gut ausruhn. Es würde nachher am Güterbahnhof mit zwei Kanistern Blaustoff beladen werden. Die hatte Lorenzo geschickt.

Gabriél gab dem Maultier einen Puff. Es sah ihn traurig erstaunt an. „Wenn ich dich jetzt nicht gestoßen hätte, Mulo, dann wärst du mit deinem Kopf glatt hinein in den Bananenwagen."

Heute war Andrés nicht mit den anderen auf dem Markt. Er war in der Schule. Vor ungefähr drei Jahren hatte er noch furchtbar gebettelt, daß man ihn in die Schule lasse. Und oft, am Markttag, oder wenn es sonst eine dringende Arbeit gegeben hatte, verbot Benito die Schule. Als einmal der Lehrer zu ihm gekommen war, um ihm zu erklären, es sei notwendig, daß Andrés Lesen und Schreiben lerne, hatte Benito besonders streng und besonders oft die Schule verboten. Seine Familie sollte wissen, daß er, der erfahrene Töpfer, sich keine Vorschriften machen ließ von so einem Schlaksel von Schullehrer.

Doch nach seiner Reise bis zum Blau war Benito, der Gerechtigkeit in sich spürte, selbst zu dem Lehrer gegangen, um ihm zu danken, weil er Andrés Lesen und Schreiben gelehrt hatte. Dadurch hatte Andrés die Karten verstanden, die sein Vater von weither schickte. Andrés hatte jede Karte eins ums andere Mal der Mutter vorgelesen, wenn sie am Verzweifeln war.

Der junge Lehrer sagte zu Benito: „Klar, Mensch, die Schüler lernen hier etwas.“ –

Sie waren schon alle, Benito und seine zwei Söhne, das Maultier, Luísa mit dem kleinen Mädchen, am Geschäft von Don Victor vorüber, als dieser plötzlich aus seiner Tür sprang und Benito am Arm packte und alle aufhielt. Er rief: „Benito! Halt! Du weißt noch nicht das Neueste. Ich hab es wieder, das Blau, auf das du so wild warst. Man hat es mir wieder geliefert. Du kannst von mir davon kaufen, soviel du willst. Stell dir vor, Señor Fernandéz bekommt es wieder von seiner alten Firma, und ich hab gleich zugegriffen.“

Benito blieb nicht richtig stehen. Er sagte: „Danke, Don Victor, ich brauch es nicht mehr.“

„Wieso?“

„Ich hab mein Blau gefunden. Und hol mir's selbst, wenn ich's brauche. Einmal für allemal.“

Worterklärungen

Altamilpa	Ort in Mexiko
Bugambilie	(span. Form für Bougainvillea) violett blühende Schling- und Kletterpflanze
Camion	(span.) Lastwagen
Campeche	Hauptstadt des gleichnamigen Staates der Republik Mexiko, liegt am Golf von Campeche
Capataz	(span.) Aufseher, Vorarbeiter, Werkführer
Centavo	kleinste Scheidemünze in Mexiko. 100 Centavos ergeben den Wert eines Pesos, der mexikanischen Münzeinheit.
Chapultepec	Schloß und Park des Staatspräsidenten von Mexiko in der Nähe der Stadt Mexiko
Deputado	(span. diputado) Abgeordneter im Parlament
Don	Herr. Höflichkeitstitel, der in Verbindung mit dem Vornamen gebraucht wird
Doña	(weibl. Form von Don) Frau
Durango	Staat der Republik Mexiko, in dessen gebirgigem Westteil bedeutende Bodenschätze abgebaut werden, wie z. B. Silber, Blei, Kupfer, Gold, Eisenerz
Escuela Rural	(span.) Dorfschule
Gringo	(span.) geringschätziger Name für Ausländer, besonders für die Angelsachsen

Grito de Dolores	„Schrei von Dolores". Jahrestag der mexikanischen Unabhängigkeitsbewegung. Der Ort Dolores ist der Ausgangspunkt der Bewegung, die am 15. 12. 1809 begann. Der Priester Miguel Hidalgo hat hier den berühmten „Schrei" ausgestoßen. „Es lebe die Jungfrau von Guadelupe (die Schutzpatronin von Mexiko)!"
imprägnieren	feste Stoffe mit Flüssigkeiten zum Schutz vor Wasser, Zerfall u. a. durchtränken
Mercado	(span.) Markt, Marktplatz
Milpa	(amer.) Maisfeld
Monterry	Hauptstadt des mexikanischen Staates Nuevo Leon. Mit Bleischmelzen, großen Eisen- und Stahlwerken ist sie die bedeutendste Industriestadt Mexikos.
Morelia	Hauptstadt des mexikanischen Staates Michoacán, wurde 1828 nach dem Freiheitshelden Morelos umbenannt
Mulo	Maultier, Maulesel
naturalisieren	sich einbürgern, eingewöhnen
Novia	Braut, Verlobte
Nürnberger Prozeß ...	1945–1946 fand in Nürnberg der Hauptkriegsverbrecherprozeß statt, in dem die vier Alliierten Mächte eine Anzahl führender Politiker und Militärs des Dritten Reiches verurteilten.
Oaxaca	Staat der Republik Mexiko, zerklüftetes Gebirgsland; Hauptstadt: Oaxaca de Juárez

Orgelkakteen	Kakteenart, die in ihrem Aussehen an Orgelpfeifen erinnert
Patio	(span.) Innenhof spanischer Häuser, der auch als Wohnraum gebraucht wird
Pearl Harbour	Flottenstützpunkt der USA auf der Hawai-Insel Oahu. Am 7. 12. 1941 vernichtete ein japanischer Luft- und U-Boot-Angriff dort einen Teil der amerikanischen Flotte und löste damit die Kriegshandlungen zwischen Japan und den USA aus.
Peso	mexikanische Münzeinheit
Posada	(span.) Gasthaus
Propina	(span.) Trinkgeld
Pulque	berauschendes Getränk aus gegorenem Agavensaft, das Nationalgetränk Mexikos
Pulqueria	Gaststätte, in der Pulque ausgeschenkt wird
Quantum	(lat.) Menge
Rebozo	(span.) Umschlagtuch der Frauen für Kopf und Schultern, eine Art Mantilla
requirieren	hier: beschlagnahmen
San Blas	Malerischer Fischereihafen am Pazifik im mexikanischen Staat Nayarit
San Cristóbal	Hauptstadt des Hochlandes von Chiapas
San Mateo	Ort in Mexiko
Sarape	Schultertuch, eine Art Poncho
Señor	(span.) Herr
Señorita	(span.) Fräulein
Sombrero	(span.) breitrandiger, leichter Hut, der vor allem im südlichen Nord-

	amerika und in Südamerika getragen wird
Tequila	berauschendes Getränk aus Agavensaft, neben Pulque das Nationalgetränk Mexikos
Tortilla	Fladenbrot, das aus Maismehl gebacken wird
Vera Cruz	wichtigste Hafenstadt an der Ostküste Mexikos im gleichnamigen Staat
Zocalo	(arab. „Viehmarkt“) zentraler Platz in Städten und Ortschaften